Scoprire i Giochi Gratuiti Online

Disponibile Qui:

BestActivityBooks.com/FREEGAMES

5 CONSIGLI PER INIZIARE

1) COME RISOLVERE LE PAROLE INTRECCIATTE

I puzzle hanno un formato classico:

- Le parole sono nascoste senza spazi o trattini,...
- Orientamento: Le parole possono essere scritte in avanti, indietro, verso l'alto, verso il basso o in diagonale (possono essere invertite).
- Le parole possono sovrapporsi o intersecarsi.

2) APPRENDIMENTO ATTIVO

Accanto ad ogni parola c'è uno spazio per scrivere la traduzione. Per incoraggiare l'apprendimento attivo, un **DIZIONARIO** alla fine di questa edizione vi permetterà di controllare e ampliare le vostre conoscenze. Cerca e scrivi le traduzioni, trovale nel puzzle e aggiungile al tuo vocabolario!

3) SEGNARE LE PAROLE

Puoi inventare il tuo sistema di segni. Forse ne usi già uno? Per esempio, puoi segnare le parole difficili da trovare con una croce, le parole preferite con una stella, le parole nuove con un triangolo, le parole rare con un diamante, e così via.

4) STRUTTURARE L'APPRENDIMENTO

Questa edizione offre un **TACCUINO** alla fine del libro. In vacanza, in viaggio o a casa, puoi organizzare facilmente le tue nuove conoscenze senza bisogno di un secondo quaderno!

5) AVETE FINITO TUTTE LE GRIGLIE?

Nelle ultime pagine di questo libro, nella sezione della **SFIDA FINALE**, troverete un gioco gratuito!

Facile e veloce! Dai un'occhiata alla nostra collezione di libri di attività per il tuo prossimo momento di divertimento e **apprendimento,** a portata di clic!

Trova la tua prossima sfida su:

BestActivityBooks.com/MioProssimoLibro

Ai vostri posti, pronti...Via!

Sapevi che ci sono circa 7.000 lingue diverse nel mondo? Le parole sono preziose.

Amiamo le lingue e abbiamo lavorato duramente per creare libri di altissima qualità. I nostri ingredienti?

Una selezione di argomenti adatti all'apprendimento, tre buone porzioni di intrattenimento, una cucchiaiata di parole difficili e una spolverata di parole rare. Li serviamo con amore e entusiasmo in modo che tu possa risolvere i migliori giochi di parole e divertirti imparando!

La vostra opinione è essenziale. Puoi partecipare attivamente al successo di questo libro lasciandoci un commento. Ci piacerebbe sapere cosa ti è piaciuto di più di questa edizione.

Ecco un link veloce alla pagina dell'ordine:

BestBooksActivity.com/Recensione50

Grazie per il vostro aiuto e buon divertimento!

Tutta la squadra

1 - Scacchi

```
P  S  P  R  O  T  I  V  N  I  K  K  S  I
H  R  T  J  E  S  O  O  C  G  B  R  P  S
G  N  A  R  K  I  Z  A  Z  O  V  A  H  A
M  A  L  V  A  Z  M  R  T  P  U  L  P  Z
Ž  M  C  U  I  T  K  R  A  L  J  J  T  A
R  K  R  O  Z  L  E  T  K  A  U  I  U  U
T  A  N  T  U  A  A  G  M  L  M  C  R  V
V  P  A  S  I  V  N  I  I  A  I  A  N  P
O  O  H  B  G  R  C  G  Č  J  N  I  I  R
V  E  T  M  R  E  U  R  E  F  U  C  R  V
A  N  M  R  A  M  F  A  N  P  U  Y  K  A
N  I  D  Z  B  E  O  Č  J  U  C  Z  N  K
J  P  T  K  O  M  B  A  E  A  S  Y  B  I
E  D  I  J  A  G  O  N  A  L  E  P  L  R
```

PROTIVNIK	POENI
BEO	KRALJ
PRVAK	KRALJICA
TAKMIČENJE	PRAVILA
DIJAGONALE	ŽRTVOVANJE
IGRAČ	IZAZOVA
IGRA	STRATEGIJU
CRNA	VREME
PASIVNI	TURNIR

2 - Aggettivi #2

```
S  L  A  T  K  O  P  E  C  Z  G  D  N  N
O  L  Z  Z  I  H  H  V  N  A  L  E  O  O
D  R  A  M  A  T  I  Č  A  N  A  L  V  R
G  C  P  N  V  N  И  I  H  I  D  E  A  M
O  L  U  O  O  B  K  S  P  M  A  G  T  A
V  P  P  P  N  S  N  T  И  L  N  A  H  L
O  E  G  I  T  O  И  A  F  J  G  N  A  N
R  A  J  S  D  V  S  F  T  I  C  T  C  O
A  P  И  N  G  C  E  N  U  V  N  A  P  P
N  Z  R  I  A  И  Z  E  I  O  P  N  S  G
S  S  J  A  K  R  E  A  T  I  V  N  E  P
A  U  T  E  N  T  I  Č  A  N  V  K  M  K
L  V  V  P  R  I  R  O  D  N  O  И  J  Y
Z  A  P  O  Z  N  A  T  Z  D  R  A  V  И
```

GLADAN
SUVA
AUTENTIČAN
KREATIVNE
OPISNI
SLATKO
DRAMATIČAN
ELEGANTAN
POZNAT
JAK

ZANIMLJIVO
PRIRODNO
NORMALNO
NOVA
PONOSNI
ČISTA
ODGOVORAN
SLANO
ZDRAV

3 - Pesca

```
D  K  O  R  P  I  A  Z  P  O  A  J  V  B
R  U  T  E  Ž  I  N  A  L  L  K  U  K  A
P  V  O  D  A  M  A  V  G  Ž  A  E  G  K
N  A  A  O  M  A  M  A  C  I  C  Ž  A  V
S  R  V  J  И  И  A  G  I  P  C  Z  B  A  N
N  R  I  I  J  I  M  T  J  E  Z  E  R  O
S  T  R  P  L  J  E  N  J  A  N  T  P  P
R  J  O  И  R  I  D  S  K  S  G  K  P  E
Š  K  R  G  E  E  C  O  P  R  E  M  A  R
I  I  U  P  K  L  S  E  Z  O  N  A  Č  A
P  R  E  T  E  R  I  V  A  N  J  A  A  J
D  P  C  K  N  A  A  F  И  H  F  Z  M  A
M  A  A  P  M  M  C  K  L  V  F  L  A  H
F  R  N  F  M  A  U  F  F  J  O  M  C  И
```

VODA
OPREMA
ČAMAC
ŠKRGE
KORPI
KUVAR
PRETERIVANJA
MAMAC
ŽICE
REKE

KUKA
JEZERO
VILICE
OKEAN
STRPLJENJA
TEŽINA
PERAJA
PLAŽA
SEZONA

4 - Aggettivi #1

```
D H E V E L I K A E K И V P
U S L A И U M E T N I Č K E
G O R Ž A R O M A T I Č N O
O K B N I D E N T I Č A N D
E G Z O T I Č N E T E Š K A
P H E A O G R O M A N P P H
M Z N N P E G Y S P O R O E
J L G U Z S A V R Š E N O K
J Z A L U B O V R E D N E S
S N K D H V P L I S K R E N
O M O D E R A N U T A N A K
O R R S C L K A K T I V A N
A M B I C I O Z A N N И C S
V E L I K O D U Š A N E O O
```

AMBICIOZAN
AROMATIČNO
UMETNIČKE
APSOLUTNE
AKTIVAN
OGROMAN
EGZOTIČNE
VELIKODUŠAN
MLAD
VELIKA

IDENTIČAN
VAŽNO
SPORO
DUGO
MODERAN
ISKREN
SAVRŠENO
TEŠKA
VREDNE
TANAK

5 - Geologia

```
E  K  R  I  S  T  A  L  A  E  K  M  T  N
P  G  S  T  T  A  F  S  L  O  J  R  K  M
T  E  F  F  A  M  O  K  A  M  E  N  O  I
K  J  I  R  L  E  S  C  T  B  S  G  N  N
A  Z  L  A  A  P  I  R  U  P  V  И  T  E
V  I  P  K  G  L  L  K  C  I  Y  Y  I  R
E  R  Z  E  M  L  J  O  T  R  E  S  N  A
R  R  P  K  I  S  E  L  I  N  E  A  E  L
N  P  O  B  T  B  S  O  H  G  T  P  N  A
A  T  L  Z  A  P  O  L  Y  K  U  K  T  B
H  V  C  A  I  R  M  U  A  U  N  V  P  P
I  T  A  V  T  J  D  Z  A  V  B  A  L  И
K  O  R  A  L  O  E  K  A  U  A  R  J  F
K  A  L  C  I  J  U  M  P  S  Z  C  G  L
```

KISELINE	GEJZIR
PLATO	LAVA
KALCIJUM	MINERALA
KAVERNA	KAMEN
KONTINENT	KVARC
KORAL	SO
KRISTALA	STALAGMITA
EROZIJE	SLOJ
FOSIL	ZEMLJOTRES

6 - Campeggio

```
Z K K P L L G Z S F F U C F
Š A T O R O G M I K A V P T
J N B Ž I И V V I S E Ć A Z
Š U M A L S V F E K B B K U
D C K R V M K F I C И A F P
P R C A C A A V A N T U R A
L V V A O P B S J M P I S A
A U D E N A I Z E Z R N A P
N M Z M Ć U N I Z V I S U Y
I L K S И A E P E K R E K G
N K O M P A S V R K O K L F
E K O N O P A C O T D T N Z
Š E Š I R M E S E C A I F M
Ž I V O T I N J E G M K L Z
```

DRVEĆA	ZABAVA
VISEĆA	ŠUMA
ŽIVOTINJE	POŽAR
AVANTURA	INSEKT
KOMPAS	JEZERO
KABINE	MESEC
LOV	MAPA
KANU	PLANINE
ŠEŠIR	PRIRODA
KONOPAC	ŠATOR

7 - Arti Visive

```
R E M E K D E L O K R E D E
S K U L P T U R E N A K T F
P Š N A K T D U C A A A M O
E A U K R R K M K G R K P T
R B D G E G R E Y P H S N O
S L I K A R S T V O I A Y G
P O I O T L P N E R T S V R
E N V C I G J I I T E T C A
K K O G V O L K C R K A F F
T T S T N D L I R E T V I I
I C A Y O P B O N T U K L J
V J K S S Z T J V E R L M A
E A A S T A L A K K A U N L
K E R A M I K E O A A T P N
```

ARHITEKTURA
GLINE
UMETNIK
REMEK-DELO
UGALJ
STALAK
VOSAK
KERAMIKE
SASTAV
KREATIVNOST

FILM
FOTOGRAFIJA
KREDE
OLOVKA
SLIKARSTVO
PERSPEKTIVE
PORTRET
SKULPTURE
ŠABLON
LAK

8 - Esplorazione

```
O  P  A  S  A  N  L  O  B  U  H  O  P  A
O  P  A  S  N  O  S  T  I  Z  R  T  U  K
N  V  S  R  R  B  F  J  A  B  A  K  T  T
D  T  D  L  Z  J  G  E  M  U  B  R  O  I
I  Z  P  P  P  G  L  Z  A  Đ  R  I  V  V
V  L  C  S  V  E  M  I  R  E  O  Ć  A  N
L  T  E  R  E  N  R  K  H  N  S  E  T  O
J  Z  D  C  J  P  J  U  V  J  T  D  I  S
A  O  I  S  C  R  P  L  J  E  N  O  S  T
N  E  P  O  Z  N  A  T  O  C  N  O  V  A
S  H  H  P  K  N  R  U  N  N  G  J  V  B
H  V  G  G  A  N  G  R  R  A  D  K  T  V
O  D  R  E  Đ  I  V  A  N  J  E  D  S  I
P  U  Ž  I  V  O  T  I  N  J  E  P  T  F
```

ŽIVOTINJE	OPASNOSTI
AKTIVNOST	OPASAN
HRABROST	NEPOZNAT
KULTURA	OTKRIĆE
ODREĐIVANJE	DIVLJA
UZBUĐENJE	SVEMIR
ISCRPLJENOST	TEREN
JEZIK	PUTOVATI
NOVA	

9 - Tempo

```
K  P  D  Z  Z  A  K  И  U  N  D  M  M  D
M  T  D  D  L  И  I  I  S  E  A  I  G  P
P  A  B  E  K  O  A  R  K  D  I  N  O  Ć
R  O  U  C  U  R  Y  T  O  E  V  U  D  G
E  G  D  E  V  N  U  Z  R  L  J  T  I  J
O  C  U  N  P  Y  M  B  O  J  D  B  N  I
J  I  Ć  I  E  O  K  P  R  A  M  G  A  O
U  F  N  J  M  E  S  E  C  A  A  D  A  N
T  U  O  E  D  A  J  L  S  S  B  P  B  V
R  A  S  D  A  N  A  S  E  A  D  P  E  H
O  M  T  R  E  N  U  T  A  K  T  F  U  U
B  K  A  L  E  N  D  A  R  J  U  Č  E  V
K  F  G  M  Y  A  G  O  D  I  Š  N  J  E
L  J  P  B  И  A  P  E  O  A  И  P  A  K
```

GODINA	PODNE
GODIŠNJE	MINUT
KALENDAR	TRENUTAK
DECENIJE	NOĆ
POSLE	DANAS
BUDUĆNOST	SAT
DAN	USKORO
JUČE	PRE
JUTRO	VEK
MESECA	NEDELJA

10 - Astronomia

```
I  P  O  I  S  T  E  L  E  S  K  O  P  A
J  J  P  R  A  K  O  S  M  O  S  A  P  G
D  И  S  A  Z  S  V  E  M  I  R  J  E  M
U  P  E  V  V  G  A  L  A  K  S  I  J  A
N  K  R  N  E  R  Z  N  E  B  O  A  Z  S
M  M  V  O  Ž  A  S  R  S  A  D  S  E  T
A  E  A  D  Đ  K  U  N  A  F  M  T  M  R
S  S  T  N  E  E  P  B  N  Č  P  R  L  O
T  E  O  E  P  T  E  И  O  V  E  O  J  N
E  C  R  V  O  A  R  K  R  H  A  N  E  O
R  K  I  N  S  R  N  E  B  U  L  A  J  M
O  K  J  I  N  J  O  Y  И  T  Z  U  N  A
I  S  E  C  Z  K  V  N  V  M  V  T  S  S
D  H  Y  A  P  L  A  N  E  T  E  A  V  C
```

ASTEROID   NEBULA
ASTRONAUTA   OPSERVATORIJE
ASTRONOM   PLANETE
NEBO   ZRAČENJA
KOSMOS   RAKETA
SAZVEŽĐE   SUPERNOVA
RAVNODNEVNICA   TELESKOP
GALAKSIJA   ZEMLJE
MESEC   SVEMIR
METEOR

11 - Circo

```
T O K O S T I M Y Š G M P E
F M A I K K I Z R A L A A J
M A G I J A F G N T E J R O
A R D J F J D B A O D M A B
Đ A K R O B A T F R A U D T
I V B O M B O N A K L N A M
O K A R T U L B P M A A K U
N D L S L O N A L M C I L Z
I Ž O N G L E R V P И L O I
Č Z N F Y T I A J B M И V K
A Ž I V O T I N J E T P N A
R S P E K T A K U L A R A N
D I V O J J G M U D V A I L
D U Z C И J T И G T Y A Z K
```

AKROBAT	MAĐIONIČAR
ŽIVOTINJE	MUZIKA
KARTU	BALONI
BOMBONA	PARADA
KLOVN	MAJMUN
KOSTIM	SPEKTAKULARAN
SLON	GLEDALAC
ŽONGLER	ŠATOR
LAV	TIGAR
MAGIJA	TRIK

12 - Mitologia

```
G  T  O  M  A  P  L  E  G  E  N  D  A  U
P  И  S  A  B  O  Ž  A  N  S  T  A  V  A
J  B  V  G  H  N  A  S  V  S  N  A  G  E
N  T  E  I  I  A  S  T  Č  I  G  K  O  H
L  D  T  Č  R  Š  P  V  U  H  R  M  N  K
S  J  A  N  P  A  M  A  D  V  M  I  И  U
M  T  U  E  G  N  L  R  O  S  L  G  N  L
R  F  V  B  T  J  U  A  V  И  J  J  P  T
T  A  R  O  O  E  C  N  I  S  A  A  P  U
N  B  A  P  R  M  H  J  Š  K  V  I  M  R
I  F  P  T  L  E  O  E  T  J  I  M  Y  A
R  A  T  N  I  K  N  R  E  G  N  J  C  A
A  R  H  E  T  I  P  J  E  C  A  K  L  M
M  U  N  J  E  R  A  H  E  R  O  J  E  J
```

ARHETIP	LJUBOMORE
PONAŠANJE	RATNIK
STVORENJE	LAVIRINT
STVARANJE	LEGENDA
KULTURA	MAGIČNE
BOŽANSTAVA	SMRTNI
HEROJ	ČUDOVIŠTE
SNAGE	GRMLJAVINA
MUNJE	OSVETA

13 - Piante

```
K  T  M  A  H  O  V  I  N  A  B  L  D  V
A  O  R  Z  A  D  R  V  O  V  A  O  P  O
Z  A  R  A  S  T  E  J  D  B  Š  A  O  P
A  G  C  E  V  O  U  Z  H  O  T  И  N  F
C  V  E  T  N  A  P  I  L  M  A  M  H  F
B  R  Š  L  J  A  N  B  N  T  A  M  C  K
L  G  D  I  A  H  N  A  P  F  G  I  T  A
L  K  T  Š  E  S  A  M  D  L  N  S  I  G
P  A  R  Ć  A  I  A  B  G  O  T  И  И  R
H  K  T  E  I  M  Đ  U  B  R  I  V  A  M
D  T  H  I  U  U  K  S  B  E  R  R  I  H
И  U  J  G  C  P  A  S  U  L  J  S  I  N
A  S  B  O  T  A  N  I  K  E  Š  U  M  A
V  E  G  E  T  A  C  I  J  E  L  N  Y  Z
```

DRVO	ĐUBRIVA
BERRI	CVET
BAMBUS	FLORE
BOTANIKE	LIŠĆE
KAKTUS	ŠUMA
GRM	BAŠTA
RASTE	MAHOVINA
BRŠLJAN	LATICA
TRAVA	KOREN
PASULJ	VEGETACIJE

14 - Spezie

```
J U S U S E M Z T S P Z F V
U G O R K A A U U I A E G A
K K A R I P A P R I K A U N
O A U B I B E R M A F N M I
R R H S L U K K E M M I Z L
I D F B K S E S R N L S R E
J A K C E S S I I C U A И C
A M U C B L O P C S E A A A
N O M I O A I S Š A F R A N
D M I M E D C L Đ U M B I R
E A N E Z I R A U F T Y N J
R A Y T L Ć E T A K Y O L E
N M И G P E H K O M O R A Č
V V A Z B S P O Z R G R J F
```

BELI LUK

GORKA

ANISA

CIMET

KARDAMOM

LUK

KORIJANDER

KUMIN

TURMERIC

KARI

SLATKO

KOMORAČ

UKUS

SLADIĆE

PAPRIKA

BIBER

SO

VANILE

ŠAFRAN

ĐUMBIR

15 - Numeri

```
T  V  J  P  P  D  D  E  V  E  T  R  I  H
V  I  I  E  E  Š  E  S  T  D  V  A  D  D
N  Y  H  T  S  T  T  S  K  J  O  O  V  L
T  U  Č  E  T  R  N  A  E  S  T  A  A  M
R  B  L  J  И  R  L  A  M  T  D  P  N  D
I  U  S  A  D  V  A  D  E  S  E  T  A  E
N  Š  E  S  N  A  E  S  T  S  L  S  E  V
A  Č  E  T  I  R  I  A  A  B  T  I  S  E
E  O  S  A  M  N  A  E  S  T  Z  T  T  T
S  S  E  D  A  M  N  A  E  S  T  Z  J  N
T  B  N  G  S  I  K  K  G  O  S  A  M  A
D  E  C  I  M  A  L  N  E  F  U  I  A  E
И  B  I  U  M  Y  C  R  R  F  E  J  P  S
L  O  S  E  D  A  M  T  R  O  U  V  K  T
```

PET	ČETRNAEST
DECIMALNE	ČETIRI
DEVETNAEST	PETNAEST
SEDAMNAEST	ŠESNAEST
OSAMNAEST	ŠEST
DESET	SEDAM
DVANAEST	TRI
DVA	TRINAEST
DEVET	DVADESET
OSAM	NULA

16 - Cioccolato

```
Z  A  N  A  T  S  K  I  O  M  K  D  Z  K
Š  E  Ć  E  R  A  C  D  K  И  I  C  T  V
B  O  M  B  O  N  A  I  M  C  K  L  J  A
K  A  L  O  R  I  J  A  F  P  I  R  C  L
A  A  H  Y  S  N  S  I  V  O  R  Y  P  I
R  P  K  I  A  Z  G  L  U  D  I  A  A  T
A  L  S  A  S  T  O  J  A  K  K  O  H  E
M  N  F  Z  O  K  F  E  R  T  I  I  R  T
E  G  Z  O  T  I  Č  N  E  U  K  B  E  L
L  I  S  K  G  O  R  K  A  K  F  O  C  N
Z  B  U  O  A  R  O  M  E  U  R  A  E  U
N  R  S  K  Y  F  D  U  H  S  L  R  P  K
G  I  B  O  M  I  L  J  E  N  I  И  T  U
R  O  K  S  S  И  Z  F  D  O  K  D  P  S
```

GORKA	EGZOTIČNE
KIKIRIKI	UKUS
AROME	SASTOJAK
ZANATSKI	KOKOS
KAKAO	PRAH
KALORIJA	OMILJENI
BOMBONA	KVALITET
KARAMEL	RECEPT
UKUSNO	ŠEĆERA
SLATKO	

17 - Guida

```
H И N P P F M A P A L A M B
Z A Z O P R E Z U A U S O R
I P S B И I U N G T G A T Z
S I G U R N O S T U O O O I
H E R S B G G A S N R B R N
P R E V O Z A O U E I R U A
P E O L A F R P K L V A F S
B O Š L F K A A O I O Ć A E
A G L A P O Ž S L C U A H S
V Y H I K Č A N A E Z J C T
R V A T C N N O K N C A E K
I P P U T I M S S C R R S A
L H Z L E C J T V U K O Y A
I N E S R E Ć A S J C T Y I
```

OPREZ
KOLA
AUTOBUS
GORIVO
KOČNICE
GARAŽA
GAS
NESREĆA
LICENCU
MAPA

MOTOR
PEŠAK
OPASNOST
POLICIJA
SIGURNOST
PUT
SAOBRAĆAJA
PREVOZ
TUNEL
BRZINA

18 - Sport

```
A S I H A T H K O Š A R K U
P A G O L F O L T O L P Z O
Y P R S P V K M L V P Н И E
H T A P O B E J Z B O L R O
S A Č S B K J G A M D И P N
P T C H E U J I S U D I J A
R R A P D N U M P O K R E T
V E B D N B L N O N C C B F
E N B A I K R A R P L O I H
N E G T K O H S T N S M C R
S R Y S O R N T I I M P I Z
T F R A T E N I S L G E K D
V U N L Z I C K T O E R L O
O Z E I K O M E A N P P A P
```

TRENER	IGRA
SUDIJA	GOLF
SPORTISTA	HOKEJ
BEJZBOL	POKRET
KOŠARKU	SALI
BICIKL	TIM
PRVENSTVO	STADION
GIMNASTIKE	TENIS
IGRAČ	POBEDNIK

19 - Giocattoli

```
V  D  P  S  A  Š  C  E  I  C  L  A  G  K
O  K  G  L  V  V  A  O  И  Z  U  A  L  O
Z  E  G  A  I  D  U  H  G  B  T  T  N  И
O  F  S  G  O  P  H  R  K  F  K  E  G  D
B  D  E  A  N  O  A  P  J  N  A  S  E  V
S  И  R  L  Y  M  A  Š  T  E  J  A  F  B
Č  O  R  I  P  I  L  O  P  T  A  I  U  N
M  A  Y  C  Y  L  I  G  R  E  C  И  G  C
I  H  M  A  D  J  R  K  L  E  J  Z  E  E
И  M  P  A  B  E  O  Z  A  N  A  T  A  A
Z  M  A  J  C  N  B  U  B  N  J  E  V  I
D  S  K  A  M  I  O  N  M  P  I  Y  Y  A
B  I  C  I  K  L  T  F  И  O  V  O  O  O
K  O  L  A  R  P  R  S  F  Z  V  Z  B  V
```

AVION	IGRE
ZMAJ	MAŠTE
KLEJ	KNJIGE
ZANATA	LOPTA
KOLA	OMILJENI
LUTKA	SLAGALICA
ČAMAC	ROBOT
BUBNJEVI	ŠAH
BICIKL	VOZ
KAMION	

20 - Uccelli

```
P A P A G A J I P C E M K Z
J A J E K A O H E R O N A P
V И T P L R R B L L S N E V
D Z P K U K A V I C A O И K
P G M G A K O G K P A J K Z
I A Z J K G O И A P И A F O
L L U Y A H P I N G V I N G
E E G N F L A M I N G O G B
G B O T R A P S L N C P J A
O E R J G A И G E S Y O F V
L L E F Z L O E U A C L Y A
U V O И И И S R J E O Z J C
B F A G U S K A V R A P C A
T U K A N L A B U D R O D A
```

HERON	GUSKA
PATKA	PAPAGAJ
ORAO	VRAPCA
RODA	PAUN
LABUD	PELIKAN
GOLUB	PINGVIN
KUKAVICA	PILE
SOKO	NOJA
FLAMINGO	TUKAN
GALEB	JAJE

21 - Giorni e Mesi

```
G Y K S R E D A D M F G P J
A Z L U T O R A K S E O O A
U V J B P E T A K D B D N N
K Y U O K T O B A R R I E U
S A N T F P Z V B A U N D A
R E L A A P R I L T A A E R
U A P E K G I R K K R M L G
B P U T N N E D E L J A J P
G S N Y E D M A R Š U Z A A
T M G B I M A E A P L O K V
Y G Y U P R B R S B Y Y A G
K N Z E Z P T A B E U N C U
D E C E M B A R R M C O P S
D N O V E M B A R E J A F T
```

AVGUST	PONEDELJAK
GODINA	UTORAK
APRIL	MARŠ
KALENDAR	SREDA
DECEMBAR	MESECA
SUBOTA	NOVEMBAR
FEBRUAR	OKTOBAR
JANUAR	SEPTEMBAR
JUN	NEDELJA
JUL	PETAK

22 - Casa

```
O B I B L I O T E K E V I Y
J G V R A T A M B R J P I E
P Y R N L H T R N O M Z B V
D C T A V A N U N V G Z G P
N P Z I D N E A Š H A U I L
N P U P J E C A K U R E J A
P R O Z O R S V U D A O R F
N F E L R L P U N U Ž T J O
K U D E K A M I N L A E V N
T P E C Y M E T L A P P U L
P T P M C P S O E Z D I A A
O G L E D A L O I K S H L U
D S L A V I N A B A Š T A A
A T U K U H I N J A J A M A
```

TAVANU	ZID
BIBLIOTEKE	POD
SOBA	VRATA
KAMIN	OGRADE
KUHINJA	SLAVINA
TUŠ	METLA
PROZOR	PLAFON
GARAŽA	OGLEDALO
BAŠTA	TEPIH
LAMPA	KROV

23 - Ristorante #1

```
S  Z  D  R  D  U  P  D  S  B  A  K  B  I
P  A  V  B  Z  И  V  A  A  L  U  U  Z  L
S  L  S  Č  I  N  I  J  U  A  И  H  H  G
A  T  O  T  Z  P  J  D  D  G  P  I  L  E
L  P  V  Č  O  B  Y  O  P  A  F  N  E  K
V  O  Z  Z  A  J  C  V  P  J  N  J  B  O
E  N  K  A  F  A  C  B  K  N  P  A  K  N
T  O  B  Č  L  G  E  I  I  I  C  P  D  O
A  D  D  I  K  E  J  V  M  K  F  L  A  B
B  E  G  N  E  L  R  M  E  S  A  O  P  A
I  S  I  J  Y  R  V  G  N  S  O  S  N  R
R  E  Z  E  R  V  A  C  I  J  E  L  O  I
H  R  A  N  A  L  M  G  A  J  A  B  Ž  C
И  T  I  O  T  K  P  A  H  A  E  L  U  A
```

ALERGIJE	SASTOJCI
KAFA	MENI
KONOBARICA	HLEB
MESA	PLOČA
BLAGAJNIK	ZAČINJENO
HRANA	PILE
ČINIJU	REZERVACIJE
NOŽ	SOS
KUHINJA	SALVETA
DESERT	

24 - Fantascienza

```
F  J  P  G  A  L  A  K  S  I  J  A  R  B
L  V  R  K  O  F  J  T  N  Y  D  A  E  I
B  A  O  N  Z  B  B  C  O  P  R  P  A  O
E  T  R  J  И  O  E  O  A  M  H  N  L  S
K  E  O  I  E  B  T  B  И  S  S  D  N  K
S  H  Č  G  M  A  H  V  H  D  V  K  O  O
T  N  I  E  S  I  L  U  Z  I  J  E  E  P
R  O  Š  D  F  H  C  J  L  S  H  U  T  S
E  L  T  R  P  L  A  N  E  T  E  T  P  G
M  O  E  N  O  U  C  P  A  O  G  O  R  P
N  G  M  V  Ž  B  E  Z  A  P  G  P  C  K
E  I  V  Y  A  D  O  L  C  I  E  I  P  K
C  J  V  A  R  E  K  T  D  J  I  J  L  И
C  A  P  J  H  Z  U  U  A  A  R  E  И  И
```

ATOMSKE
BIOSKOP
DISTOPIJA
EKSTREMNE
POŽAR
GALAKSIJA
ILUZIJE
KNJIGE

SVET
PROROČIŠTE
PLANETE
REALNO
ROBOTA
TEHNOLOGIJA
UTOPIJE

25 - Città

```
C K A V D A B A N K E P Z R
Y L P G A L E R I J A E O D
B I O S K O P R E M Y K O L
O N T P S Z N O O V Y A V E
O I E H O T E L I D P R R P
N C K K Z Z A F A V R A T R
J I E N S Z O D J B D O R O
T Š K O L A K R I N B N M D
C V E Ć A R N I I O P N M A
K N J I Ž A R A B Š N A U V
B I B L I O T E K E T S Z N
U N I V E R Z I T E T E E I
S U P E R M A R K E T A J C
B D A Z T R Ž I Š T E R P A
```

AERODROM	TRŽIŠTE
BANKE	MUZEJ
BIBLIOTEKE	PRODAVNICA
BIOSKOP	PEKARA
KLINICI	ŠKOLA
APOTEKE	STADION
CVEĆAR	SUPERMARKETA
GALERIJA	POZORIŠTE
HOTEL	UNIVERZITET
KNJIŽARA	ZOO VRT

26 - Virtù #1

```
I  N  T  E  L  I  G  E  N  T  A  N  P  M
И  R  U  B  И  P  N  S  M  E  Š  N  O  U
A  L  Z  E  Č  H  И  Z  L  S  G  K  J  D
A  V  V  E  L  I  K  O  D  U  Š  A  N  A
N  C  D  I  A  E  S  K  R  O  M  A  N  R
K  H  И  V  P  N  Š  T  U  D  B  V  U  N
E  F  I  K  A  S  A  N  M  L  P  R  H  E
K  A  T  R  C  G  R  T  E  U  O  A  O  Z
O  E  A  P  I  V  M  E  T  Č  U  D  Z  A
R  F  V  U  J  D  A  F  N  U  Z  O  A  V
I  A  C  V  E  D  N  U  I  J  D  Z  K  I
S  R  Y  Z  N  I  T  I  Č  U  A  N  D  S
N  P  O  D  T  I  A  D  K  Ć  N  A  L  N
O  V  I  J  S  L  N  N  E  I  O  O  B  A
```

ŠARMANTAN	VELIKODUŠAN
POUZDAN	NEZAVISNA
UMETNIČKE	INTELIGENTAN
DOBRO	SKROMAN
RADOZNAO	PACIJENT
ODLUČUJUĆI	ČIST
SMEŠNO	MUDAR
EFIKASAN	KORISNO

27 - Compleanno

```
K R P R I J A T E L J I M H
И A V R E M E A F B P N C O
F D R J V P Y G E M K I D J
A O P T R P R O S L A V A P
G S R O I Y V D S J A J N O
И N O D S C U I S V Ć E Z
P O Đ S A E E N K O D D Z I
K E E A Z A B A V A G И P V
Z P N Y E Y H N I Z A A K N
K A L E N D A R O O G И V I
P H M U D R O S T Y P N O C
P O K L O N T O R T A Z O E
S R E Ć A N P E S M A D V Z
D P P И K D Z L K P D A F P
```

PRIJATELJI	DAN
GODINA	MLAD
KALENDAR	SJAJNO
SVEĆE	POZIVNICE
PESMA	ROĐEN
KARTICE	POKLON
PROSLAVA	MUDROST
ZABAVA	POSEBNO
SREĆAN	VREME
RADOSNO	TORTA

28 - Fattoria #1

```
K O Z A S T P S M E K N L V
O M M J E P O D V P J A T O
N Y A A M E L G P I L E V G
J U D Č E И J L H R N J L R
T T J S K V O R H I S J M A
P I B L K A P G D N T K A D
P A S Đ U B R I V A E B G E
F I T C I M I F O Č L S A G
L C P J H И V P D D E E R C
P A H S A И R B A K K N A F
C P И B P Č E L A M R O C L
P O L J E K D G S E H A D M
C P F D G G E U E D И T V S
O Y S S U N S F S Z U J L A
```

VODA
POLJOPRIVREDE
PČELA
MAGARAC
POLJE
PAS
KOZA
KONJ
ĐUBRIVA
SENO

MAČKA
JATO
SVINJA
MED
KRAVA
PILE
OGRADE
PIRINAČ
SEME
TELE

29 - Paesaggi

```
V  M  P  A  E  P  E  Ć  I  N  E  И  V  O
U  H  U  R  E  K  E  J  A  A  M  G  O  A
L  O  S  I  F  U  G  E  J  Z  I  R  D  Z
K  K  T  Z  Z  G  A  Z  P  M  E  B  O  E
A  E  I  U  P  A  I  E  B  L  T  M  P  P
N  A  N  L  N  G  S  R  G  N  A  P  A  O
V  N  J  S  U  D  M  O  R  E  Ž  D  L
R  P  I  N  P  P  R  A  A  N  L  C  A  U
P  L  A  N  I  N  E  E  K  G  O  E  A  O
A  P  O  B  B  M  O  Č  V  A  R  A  P  S
N  E  P  Z  S  R  M  U  D  J  V  B  J  T
G  L  E  Č  E  R  D  O  L  I  N  I  H  R
A  I  K  I  R  G  J  O  S  T  R  V  O  V
L  E  D  E  N  O  G  B  R  E  G  A  A  O
```

VODOPAD	MORE
BRDO	PLANINE
PUSTINJI	OAZE
REKE	OKEAN
GEJZIR	MOČVARA
GLEČER	POLUOSTRVO
PEĆINE	PLAŽA
LEDENOG BREGA	TUNDRE
OSTRVO	DOLINI
JEZERO	VULKAN

30 - Ristorante #2

```
V  K  J  U  P  A  H  M  R  L  G  H  I  V
I  E  Z  K  V  J  P  P  O  V  R  Ć  E  P
L  L  E  U  K  A  Š  I  K  A  E  S  D  R
J  N  H  S  D  J  V  E  Č  E  R  A  O  P
U  E  M  N  G  A  И  T  S  И  И  L  И  T
Š  R  T  O  R  T  A  S  L  U  R  A  H  L
K  I  U  S  T  O  L  I  C  A  P  T  A  E
A  B  F  Č  Z  O  A  L  D  Y  K  A  H  D
B  E  G  N  A  P  I  T  A  K  O  S  K  G
B  T  S  C  V  K  B  G  N  R  P  D  F  A
A  И  V  S  A  U  Z  P  D  Y  E  R  S  A
P  S  V  O  Ć  E  R  A  N  H  B  C  N  R
V  S  D  D  D  J  I  M  F  G  Y  Y  Y  A
P  G  P  F  Z  A  Č  I  N  I  P  J  U  V
```

VODA	SUPA
NAPITAK	RIBE
KELNER	RUČAK
VEČERA	SO
KAŠIKA	STOLICA
UKUSNO	ZAČINI
VILJUŠKA	TORTA
VOĆE	JAJA
LED	POVRĆE
SALATA	

31 - Giardino

```
G  R  A  B  L  J  E  K  P  K  H  L  H  V
V  T  R  A  V  A  A  R  L  D  R  V  O  I
T  O  A  S  И  H  И  M  F  U  A  J  O  S
R  G  Ć  D  K  O  R  O  V  V  P  G  F  E
A  A  C  N  L  O  P  A  T  A  J  A  S  Ć
M  R  M  P  J  T  R  A  V  N  J  A  K  A
P  A  T  E  R  A  S  A  O  K  P  O  D  U
O  Ž  A  И  E  M  K  R  P  O  P  P  U  P
L  A  Y  G  Z  A  F  G  V  A  J  N  E  M
I  И  C  V  E  T  I  R  B  P  Y  P  D  B
N  D  R  Z  M  O  И  M  C  A  J  G  A  V
I  Y  E  E  L  S  G  Y  Y  J  Š  N  S  A
J  Z  V  G  J  O  G  R  A  D  E  T  M  N
C  F  O  Z  A  J  E  Z  E  R  U  I  A  F
```

DRVO	KLUPA
VISEĆA	TRAVNJAK
GRM	GRABLJE
TRAVA	OGRADE
KOROV	JEZERU
CVET	ZEMLJA
VOĆNJAK	TERASA
GARAŽA	TRAMPOLIN
BAŠTA	CREVO
LOPATA	VAJN

32 - Frutta

```
D  V  E  G  F  T  E  H  И  C  K  M  J  G
L  I  M  U  N  U  K  P  R  И  A  A  A  R
И  Š  N  C  Y  K  И  L  D  F  J  L  B  O
Y  N  Y  J  A  N  A  N  A  S  S  I  U  Ž
T  J  K  H  A  N  G  F  J  O  I  N  K  Đ
B  E  R  R  I  E  И  T  N  J  J  E  A  A
E  A  Z  V  K  K  L  M  P  N  E  G  P  C
U  P  P  E  U  T  O  D  P  P  L  A  M  P
K  H  P  A  P  A  A  V  O  K  A  D  O  A
Z  R  F  G  I  R  K  B  A  N  A  N  E  P
K  B  U  N  N  I  T  J  E  V  O  O  E  A
J  I  C  Š  A  N  M  A  N  G  O  J  Y  J
M  O  V  U  K  A  B  R  E  S  K  V  E  A
Z  S  Z  I  S  E  P  R  S  S  V  B  Z  S
```

KAJSIJE	JABUKA
ANANAS	DINJA
AVOKADO	KUPINA
BERRI	NEKTARINA
BANANE	PAPAJA
VIŠNJE	KRUŠKE
KIVI	BRESKVE
MALINE	PLAM
LIMUN	GROŽĐA
MANGO	

33 - Fattoria #2

```
B  Ž  H  H  P  S  C  O  L  P  K  L  J  P
A  I  D  R  M  L  E  K  A  A  V  C  A  U
D  V  T  P  A  B  U  T  M  S  O  N  G  S
L  O  V  C  E  N  И  H  E  T  Ć  C  N  V
I  T  D  A  И  V  A  O  L  I  N  B  J  O
V  I  K  O  Š  N  I  C  A  R  J  A  E  Ć
A  N  A  V  O  D  N  J  A  V  A  N  J  E
D  J  F  A  R  M  E  R  L  A  K  E  V  Y
A  E  V  P  A  И  I  K  U  K  U  R  U  Z
J  S  F  A  G  Y  U  A  G  И  A  I  Z  V
L  E  I  T  M  D  F  A  U  L  B  H  P  Y
S  H  Č  K  J  B  D  O  S  U  N  P  K  E
F  N  T  A  A  T  A  V  K  Y  A  A  A  V
I  K  J  E  M  J  M  R  E  U  V  M  B  I
```

JAGNJE	NAVODNJAVANJE
FARMER	LAME
KOŠNICA	MLEKA
PATKA	KUKURUZ
ŽIVOTINJE	GUSKE
HRANA	JEČAM
AMBAR	PASTIR
VOĆE	OVCE
VOĆNJAK	LIVADA

34 - Dinosauri

```
B  J  F  A  Z  U  M  A  M  U  T  V  U  R
Z  I  M  E  S  O  J  E  D  A  E  R  F  E
H  Z  L  O  B  N  A  S  D  A  V  S  R  P
M  O  U  J  O  O  S  G  A  N  O  T  B  T
U  F  Z  F  O  S  I  L  A  S  L  E  J  I
M  O  Ć  A  N  J  Z  M  J  P  U  M  K  L
B  A  V  O  N  I  E  H  P  S  C  A  N  O
Z  E  M  L  J  E  F  D  И  P  I  И  E  O
V  T  V  G  H  R  S  J  K  L  J  J  S  G
C  E  A  N  O  B  V  N  Z  R  E  И  T  R
F  U  L  J  U  V  E  L  I  Č  I  N  A  O
N  L  A  I  K  V  J  C  K  P  L  L  N  M
R  A  G  M  K  R  E  P  L  E  N  L  A  N
E  V  F  T  H  A  D  D  K  G  P  S  K  E
```

KRILA	SVEJED
MESOJED	MOĆAN
REP	PLEN
OGROMNE	REPTIL
BILJOJED	NESTANAK
EVOLUCIJE	VRSTE
FOSILA	VELIČINA
VELIKA	ZEMLJE
MAMUT	ZLOBNA

35 - Verdure

```
S  P  I  N  L  Š  P  V  L  B  C  R  M  H
K  E  S  N  I  U  A  L  A  L  E  P  P  K
Š  R  E  P  A  A  K  L  И  L  A  A  R
A  Š  A  A  R  T  I  Č  O  K  E  T  R  O
R  U  A  S  A  L  A  T  A  T  R  L  A  M
G  N  J  B  T  T  U  R  И  A  O  I  D  P
A  D  Đ  И  A  E  И  B  G  T  D  A  I
R  M  U  N  K  Y  V  P  M  L  K  Ž  J  R
E  J  M  D  G  T  V  A  И  J  V  A  Z  I
P  I  B  E  R  T  A  F  C  I  I  N  P  L
A  M  I  V  A  N  A  H  R  V  C  H  O  И
V  E  R  E  Š  F  R  V  И  A  A  F  K  E
N  B  R  O  K  O  L  I  S  P  A  N  A  Ć
A  I  O  G  A  B  E  L  I  L  U  K  D  V
```

BELI LUK	GRAŠKA
BROKOLI	PARADAJZ
ARTIČOKE	PERŠUN
ŠARGAREPA	REPA
KRASTAVAC	ROTKVICA
LUK	ŠALOT
GLJIVA	CELER
SALATA	SPANAĆ
PATLIDŽAN	ĐUMBIR
KROMPIR	BUNDEVE

36 - Scuola #2

```
O S O M Z A T I N R A M P K
R B G L A F A N A A U A A N
A I R K O K J V U Č T T P J
N B A N V A J K U O E I I
A L M L Z I K Z E N B M R Ž
C I A E V O T A E A U A E E
U O T N N V K V R S T Č V
Č T I D Č I T A N J E I N N
I E K A H G R D N K O K I O
T K E R P R P E H J L E K S
E E G B P E A M P F E P T T
L A K H F P D S C I P E L E
J Y K B O O M K N J I G E A
N G Z E S A P E P A I T O L
```

AKADEMSKE
AUTOBUS
BIBLIOTEKE
KALENDAR
PAPIR
RAČUNAR
REČNIK
OBRAZOVANJE
MAKAZE
IGRE

GRAMATIKE
UČITELJ
KNJIŽEVNOST
ČITANJE
KNJIGE
MATEMATIKE
OLOVKA
CIPELE
NAUKE
RANAC

37 - Barbecue

```
P P O Z I V V R U Ć E Y S J
O C R К И B Y O B F A V F P
R O Š T I L J O C V И M Y F
O M A E M U Z I K A P L P D
D S G M A K T D K H A F I Y
I R P P U И E V Y И G M B Y
C G A I A L T C K G D S O N
A H R A N A A P J L A K T M
E C A E O E U V E A E J H V
B V D A Ž N D Z E D S T K O
P K A E E S O S И Č O T O Ć
T P J A V S A L A T E P K E
H D Z O I B I B E R P R F E
R I P I L E R U Č A K H A L
```

VRUĆE   ROŠTILJ
VEČERA   SALATE
HRANA   POZIV
LUK   MUZIKA
NOŽEVI   BIBER
LETO   PILE
GLAD   PARADAJZ
PORODICA   RUČAK
VOĆE   SO
IGRE   SOS

38 - Riempire

```
G  B  H  G  И  M  R  U  L  T  K  R  R  F
B  K  A  R  T  O  N  K  E  T  O  Z  M  D
F  C  O  P  A  K  E  T  Ž  V  R  A  V  H
Z  S  R  F  C  A  S  C  I  O  P  Y  D  S
K  B  F  V  E  Y  И  И  Š  F  I  O  K  A
U  B  H  A  V  R  A  V  T  C  F  P  U  N
T  O  R  B  A  U  K  P  E  D  A  P  K  D
I  B  U  R  E  K  B  O  G  E  A  I  O  U
J  B  A  И  Z  J  M  N  V  A  Z  A  F  K
A  L  T  S  A  M  P  D  Ž  E  P  B  U  R
B  O  C  A  E  H  V  P  V  A  R  A  A  F
Y  F  O  P  T  N  O  Z  B  A  T  T  F  Y
U  O  F  A  S  C  I  K  L  U  U  M  E  G
U  P  N  G  P  J  C  P  N  V  N  T  E  D
```

BASEN	KORPI
BURE	PAKET
TORBA	KUTIJA
BOCA	KOFU
KOVERTE	DŽEP
FASCIKLU	CEV
KARTON	KOFER
SANDUK	VAZA
FIOKA	LEŽIŠTE

39 - Insetti

```
J M T S K A K A V A C C A L
A U R S T E R M I T R R P A
A O S A L R P J A H T V K R
V I C J V A Š J O A P S N V
K O M A R A C L S J S B G A
B U B A M A R A J И U U M P
U L M A N T I S R E B B H S
B F E B U V A J G F N A M L
A K K P Č E L A Z И A A O P
Š J И R T C V R Č C I D L D
V A H A K I E T V A U P J T
A U D R G R R M И A A M A D
B U Š I R E N I H U Y Y C F
A M M V I L I N K O N J I C
```

UŠIRENIH	LARVA
PČELA	VILIN KONJIC
STRŠLJENA	MANTIS
SKAKAVAC	BUVA
CVRČCI	BUBAŠVABA
BUBAMARA	TERMIT
BUBA	CRV
MOLJAC	OSA
LEPTIR	KOMARAC
MRAV	

40 - Erboristeria

```
L E S T R A G O N V K R M B
A U K A P D C S A Š U U A O
V Z V R S E J Y L A L Z J S
A E A O A T R P N F I M O I
N L L M Z O O Š C R N A R L
D E I A L R K J U A A R A J
E N T T B I O N A N R I N A
T N E I I G M T G K S N B K
N B T Č L A O B P H K Y E A
Y J B N J N R G C V E T L G
F R A O K O A T S J N N I N
B A Š T A K Č N G K F N L G
M I R O Đ I J A E G V Z U Y
P F F R L T S A J A R Z K A
```

BELI LUK
MIROĐIJA
AROMATIČNO
BOSILJAK
KULINARSKE
ESTRAGON
KOMORAČ
CVET
BAŠTA
SASTOJAK

LAVANDE
MAJORAN
NANE
ORIGANO
BILJKA
PERŠUN
KVALITET
RUZMARIN
ZELEN
ŠAFRAN

41 - Danza

```
A E K O R E O G R A F I J A
T E M D Z И S S T K Y O I K
P Z P O K R E T R U Z R Z A
I R V K C F T U A L P A R D
A E A N Z I O K D T Z D A E
M P V J U R J L I U K O Ž M
U H I R J P N A C R U S A I
M U Z I K A D S I A L N J J
E Z U T E R K I O C T O A E
T A E A P T B Č N P U R N J
N B L M R N U N A G R E J S
O H N U O E T E L O N R G G
S T I P B R K G N J I E A G
T C P A E И N A I S T A V D
```

AKADEMIJE
UMETNOST
KLASIČNE
PARTNER
KOREOGRAFIJA
TELO
KULTURA
KULTURNI
EMOCIJA
IZRAŽAJAN

RADOSNO
GREJS
POKRET
MUZIKA
STAV
PROBE
RITAM
TRADICIONALNI
VIZUELNI

42 - Commedia

```
P  U  B  L  I  K  E  P  K  G  D  C  I  P
S  O  I  B  P  O  E  A  P  L  A  U  Z  A
H  M  Z  G  L  U  M  A  C  U  T  Z  R  R
U  F  E  O  L  B  E  J  Z  M  E  A  A  O
M  Z  M  Š  R  I  И  V  R  I  L  B  Ž  D
O  И  F  D  N  I  J  V  P  C  E  A  A  I
R  C  F  M  D  O  Š  Z  S  A  V  V  J  J
U  R  K  S  C  P  A  T  F  A  I  A  A  A
B  F  P  M  Y  K  L  E  E  D  Z  N  N  K
I  V  B  E  L  F  E  F  F  R  I  S  A  L
Ž  P  P  H  O  I  Z  I  T  K  J  S  F  O
Y  A  E  F  P  P  И  L  U  Z  A  H  G  V
P  Z  N  I  D  B  F  T  F  Z  P  A  F  N
I  M  P  R  O  V  I  Z  A  C  I  J  E  A
```

APLAUZ   IMPROVIZACIJE
GLUMAC   PARODIJA
GLUMICA   PUBLIKE
KLOVNA   SMEH
SMEŠNO   ŠALE
ZABAVA   POZORIŠTE
IZRAŽAJAN   TELEVIZIJA
ŽANR   HUMOR

43 - Scuola #1

```
U  B  P  Z  F  F  J  Y  N  L  V  Z  T  D
Č  I  R  V  A  A  K  B  G  F  Y  P  E  T
I  B  I  O  U  B  S  T  F  D  R  A  E  Y
O  L  J  D  Č  R  A  C  A  J  A  P  N  T
N  I  A  G  I  O  O  V  I  S  P  I  T  A
I  O  T  O  T  J  L  L  A  K  U  R  T  G
C  T  E  V  E  E  O  B  O  G  L  L  P  K
A  E  L  O  L  V  V  F  F  V  N  E  N  V
M  K  J  R  J  E  K  F  И  A  K  P  R  I
S  E  I  E  I  K  A  L  F  A  B  E  T  Z
T  M  A  T  E  M  A  T  I  K  E  S  G  C
O  K  N  J  I  G  E  R  U  Č  A  K  O  Z
L  S  T  O  L  I  C  A  I  H  J  M  R  Y
U  C  Z  P  E  J  B  Z  R  A  K  C  I  U
```

ALFABET   MATEMATIKE
PRIJATELJI   OLOVKA
UČIONICA   BROJEVE
BIBLIOTEKE   OLOVKE
PAPIR   RUČAK
FASCIKLE   KVIZ
ZABAVA   ODGOVORE
ISPITA   STOLU
UČITELJ   STOLICA
KNJIGE

44 - Fiori

```
H B I B J J A S M I N P И P
M O R U O R H I D E J A H A
R Ž A K R M A S L A Č A K S
L U E E G A R D E N I J A S
A R Ž T O K P L E U M D S I
T G L A V A N D E J A E U O
I I L D A O R R U H G T N N
C A Z H N E N L Z I N E C F
A D E J Z I N I D B O L O L
P L U M E R I J A I L I K O
G I A H P P K T H S I N R V
P L E L M D U F S K J A E E
C I B B A G H F И U E A T R
O I I И A И O O E S O H И C
```

MASLAČAK   BUKET
GARDENIJA   ORHIDEJA
JASMIN   MAKA
LILI   PASSIONFLOVER
SUNCOKRET   BOŽUR
HIBISKUS   LATICA
LAVANDE   PLUMERIJA
JORGOVAN   RUŽA
MAGNOLIJE   DETELINA
DEJZI   LALA

45 - Ecologia

```
P B V U L B A C K Z U O K V
R B J T P O P S T A N A K E
I E V F I G P I A J V F L G
R A Z L I Č I T E E R T I E
O T C O B U S P G D S И M T
D V R R P I H K R N T N A A
N Z T E J A L L L I E J N C
O D R Ž I V R J J C R M O I
I F A U N E H Z K E E O O J
S T A N I Š T E S E S Č D E
G L O B A L N O U B U V L A
M O R S K I H V Š Z R A B E
G R C O Z J И T E L S R G B
V O L O N T E R A A A E A V Y
```

KLIMA
ZAJEDNICE
FAUNE
FLORE
GLOBALNO
STANIŠTE
MORSKIH
PRIRODA
PRIRODNO
MOČVARA

BILJKE
RESURSE
SUŠE
OPSTANAK
ODRŽIV
VRSTE
RAZLIČITE
VEGETACIJE
VOLONTERA

46 - Discipline Scientifiche

```
G R L A S T R O N O M I J E
A O I M S A K A E I V M I N
M S N N A B M N U M P F Y A
P C G H D N I A R U Y I H I
B S V Y B И N T O N A Z S O
I B I A R H E O L O G I J E
O I S H J T R M O L E O M B
L O T E O T A I G O O L E O
O H I M U L L J I G L O H T
G E K I I A O E J I O G A A
I M E J R T G G E J G I N N
J I T E O A I J I E I J I I
E J V S Z F J F Y J J E K K
A E J O P C A C H P E R E E
```

ANATOMIJE
ARHEOLOGIJE
ASTRONOMIJE
BIOHEMIJE
BIOLOGIJE
BOTANIKE
HEMIJE
FIZIOLOGIJE

GEOLOGIJE
IMUNOLOGIJE
LINGVISTIKE
MEHANIKE
MINERALOGIJA
NEUROLOGIJE
PSIHOLOGIJE

47 - Scienza

```
P U T P H L P R R F J E C J
O F K D I A T O M O P R I K
S T S N P B F И E S U P G L
M P P A O O T O T I G O K I
A M F U T R P E O L J R K M
T O I Č E A N O D C S G B A
R L Z N Z T P O D A T A K A
A E I I E O H C H P V N Č H
N K K K P R I R O D A I E И
J U E T K I A Y P I R Z S N
E L K L C J A L J P I M T M
R A J L J A O F A P J A I P
M G R A V I T A C I J E C A
H E M I J S K E E T D Z E S
```

ATOM
HEMIJSKE
KLIMA
PODATAKA
STVARI
FIZIKE
FOSIL
GRAVITACIJE
HIPOTEZE

LABORATORIJA
METOD
MINERALA
MOLEKULA
PRIRODA
ORGANIZMA
POSMATRANJE
ČESTICE
NAUČNIK

48 - Acqua

```
P U R A G A N S S H И A I L
B T И P P M O N S U N V S D
J E Z E R O R E A L E D P V
K I Š E T V P G M K A N A L
T F V N A P L L R E K E R R
И A Y O L И I A A M O H A O
M R A Z A P T T Ž V H R V A
G I T B S J S H K N A O A O
E C A D A V T K M E E Y N K
J N A V O D N J A V A N J E
Z V L A G E A O N U K Z A A
I S Y B V N P O B J T H A N
R P K O Z M Y P O K A O T A
T U Š F O P A R E Y P O U Y
```

POPLAVA
KANAL
TUŠ
ISPARAVANJA
REKE
MRAZ
GEJZIR
LED
NAVODNJAVANJE
JEZERO

MONSUN
SNEG
OKEANA
TALASA
KIŠE
PITKE
VLAGE
VLAŽNE
URAGAN
PARE

49 - Gatti

```
L И A S B P R Š A P E V F G
O D O T B R K A N D Ž A G M
V M D I E E Z F Z L L U D V
A E R D N D Y O D I V L J A
C M A L O I T I P Č G F T U
K I F J R V S D Y N L R M P
U Š K I И A B Z И O U I A R
I J J V R K D T P S A N Z N
Y O S M E Š N O H T V A M K
Z O K K P L Y A Z I Y U F R
A F N E Z A V I S N A F D Z
S И И M N P D N P U A D P N
H C C D U V A P L G L O R O
S C V L J G J M P O N K O Z
```

KANDŽA	LUD
LOVAC	KRZNO
REP	LIČNOSTI
RADOZNAO	MALO
SMEŠNO	DIVLJA
SAN	STIDLJIV
PREDIVA	MIŠ
RAZIGRAN	BRZO
NEZAVISNA	ŠAPE

50 - Surf

```
K P R V A K U J S N A G E V
P O O S T I L P P E N A L N
L O D Č D R T C O P L И M I
A K P I E K S T R E M N E L
Ž E R U B T R E T И O A B V
A A N V L Z N O I T A L A S
N N P C L A A A S G И G F H
S T O M A K R B T U B R H A
S Z G B R Z I N A Ž I E И B
A A C V C R J E A V O B P M
V R E M E A M A K E A E E Z
N И E V A A B S Z U R N M A
H F J E L V E A R F A M M P
E И O H A И A J O E J A A N
```

SPORTISTA   POPULARNA
PRVAK   POČETNA
ZABAVA   PENA
EKSTREMNE   GREBEN
GUŽVE   PLAŽA
SNAGE   STIL
VREME   STOMAK
OKEAN   BRZINA
TALAS

51 - Imbarcazioni

```
T R A J E K T V R A И M M K
B A J A B O V A F E I V O A
N M A H J N C Y M P K P R N
H B R T P O N B O P F E E U
B A B E I P A O R S P L A V
O P O C U A U A N P L V S V
T K L R C C T T A L A S A P
I J E T O S I S R I B P T O
И F P A K I Č U J M I V U S
K A E E N D K И N E O M A A
A P J E D R I L I C A T J D
J E Z E R O H I D V T G O E
A H И I U N И M K I G Y O R
K Z B F A G E A L V D A P P
```

JARBOL

SIDRO

JEDRILICA

BOVA

KANU

KONOPAC

POSADE

REKE

KAJAK

JEZERO

MORE

PLIME

MORNAR

MOTOR

NAUTIČKIH

OKEAN

TALASA

TRAJEKT

JAHTE

SPLAV

52 - Api

```
H R A N A V S O A J V P S K
O O D I M O O T N N G O B R
E J P N E Ć S S A N L L A I
E C A S D E U A A N B E Š L
K R A E K J N A A K I N T A
O O V K J C C B S O H Š A E
S K R T V V E P D Š D M T A
I R A I B E V R R N J И B E
S A E T S T K M B I L J K E
T L G K C T F C V C V E Ć E
E J A F N P A O C E U P P C
M I R T D Z O N C A E E A L
D C R A Z N O L I K O S T L
E A B K P S D F G E B Z G B
```

KRILA
KOŠNICE
KORISTAN
VOSAK
HRANA
RAZNOLIKOST
EKOSISTEM
CVEĆE
CVET
VOĆE

DIM
BAŠTA
STANIŠTE
INSEKT
MED
BILJKE
POLEN
KRALJICA
ROJ
SUNCE

53 - Conservazione

```
P  J  C  O  B  R  A  Z  O  V  A  N  J  E
R  A  U  E  И  I  I  U  E  U  J  C  S  V
E  E  Z  L  B  Z  M  I  K  L  I  M  A  Z
C  K  C  J  M  S  N  И  J  C  E  A  O  D
I  O  O  I  A  P  R  I  R  O  D  N  O  R
K  R  N  S  K  Z  A  G  A  Đ  E  N  J  A
L  G  I  U  I  L  O  U  P  P  G  V  B  V
U  A  O  A  Z  S  I  P  D  E  Y  O  N  L
S  N  U  H  G  G  T  R  N  S  B  L  R  J
B  S  V  T  Z  T  Z  E  A  T  B  O  F  E
E  K  O  L  O  Š  K  A  M  I  R  N  H  A
T  I  D  O  D  R  Ž  I  V  C  I  T  I  Y
S  M  A  N  J  I  T  I  U  I  G  E  R  S
S  T  A  N  I  Š  T  E  K  D  A  R  A  R
```

VODA	ORGANSKI
EKOLOŠKA	PESTICID
CIKLUS	BRIGA
KLIMA	RECIKLIRA
EKOSISTEM	SMANJITI
OBRAZOVANJE	ZDRAVLJE
STANIŠTE	ODRŽIV
ZAGAĐENJA	ZELEN
PRIRODNO	VOLONTER

54 - Strumenti Musicali

```
B  R  O  B  O  U  D  E  P  L  O  R  R  G
K  K  E  L  U  E  E  T  T  A  G  C  И  O
H  L  И  K  C  B  H  F  L  A  U  T  A  N
L  A  A  E  L  S  A  K  S  O  F  O  N  G
U  V  R  R  Z  O  R  N  G  I  T  A  R  A
I  I  P  M  I  S  F  T  J  M  R  T  M  P
J  R  N  L  O  N  E  M  G  T  U  R  A  V
F  A  G  O  T  N  E  L  V  P  B  O  N  V
E  B  K  P  J  I  I  T  A  F  A  M  D  I
M  G  K  C  Y  O  Y  K  N  K  B  B  O  O
A  P  T  A  M  B  U  R  A  Š  A  O  L  L
B  E  N  D  Ž  O  T  V  E  T  T  N  I  I
U  D  A  R  A  L  J  K  E  T  A  D  N  N
V  I  O  L  O  N  Č  E  L  O  K  И  A  U
```

HARMONIKA	OBOU
HARFE	UDARALJKE
BATAK	KLAVIR
BENDŽO	SAKSOFON
GITARA	TAMBURAŠA
KLARINET	BUBANJ
FAGOT	TRUBA
FLAUTA	TROMBON
GONG	VIOLINU
MANDOLINA	VIOLONČELO

55 - Professioni #2

```
N R B A Š T O V A N F A J L
R J F I L O Z O F U O M S I
G P P S B Y D И A Z T Y N N
P I U T J L P B P M O P O G
I S T R A Ž I V A Č G R A V
R K Y A P I L O T F R O L I
I Z M Ž I A N L T J A N E S
N O V I N A R G E E F A K T
Ž O L T S L I K A R K L A A
E L C E B I O L O G T A R Z
N O H L U Č I T E L J Z R U
J G D J H I R U R G И A G B
E A S T R O N A U T A Č И A
R I L U S T R A T O R Y D R
```

ASTRONAUTA
BIBLIOTEKAR
BIOLOG
HIRURG
ZUBAR
FILOZOF
FOTOGRAF
BAŠTOVAN
NOVINAR
ILUSTRATOR

INŽENJER
UČITELJ
PRONALAZAČ
ISTRAŽITELJ
LINGVISTA
LEKAR
PILOT
SLIKAR
ISTRAŽIVAČ
ZOOLOG

56 - Letteratura

```
G  R  P  B  I  O  G  R  A  F  I  J  A  P
P  I  P  E  A  N  A  L  O  G  I  J  A  N
R  M  R  E  S  D  I  J  A  L  O  G  P  A
I  E  H  I  S  N  И  N  H  R  I  A  D  N
T  Z  R  C  V  M  I  Š  L  J  E  N  J  E
A  U  T  O  R  V  A  Č  O  И  H  A  T  G
M  E  T  A  F  O  R  A  K  A  Z  L  R  D
P  O  R  E  Đ  E  N  J  E  E  C  I  A  O
H  P  Z  A  K  L  J  U  Č  A  K  Z  G  T
U  I  P  M  A  H  K  O  S  V  B  A  E  A
E  S  M  Ž  K  N  N  S  J  C  A  E  D  N
R  O  M  A  N  N  U  U  T  E  M  A  I  D
A  G  H  N  B  И  C  P  И  I  J  D  J  G
Y  C  H  R  P  C  N  H  Z  P  L  A  E  E
```

ANALIZA	METAFORA
ANALOGIJA	MIŠLJENJE
ANEGDOTA	PESMA
AUTOR	PESNIČKE
BIOGRAFIJA	RIME
ZAKLJUČAK	RITAM
POREĐENJE	ROMAN
OPIS	STIL
DIJALOG	TEMA
ŽANR	TRAGEDIJE

57 - Cibo #2

```
S N J B F A U V D G S U P R
I J A B U K A P I R I N A Č
R P J A J E I N P O B O T C
I I O P P B И V H Ž A Č L E
B L G A M R I D I Đ N O I L
E E U R P O M N K A A K D E
B P R A Š K I P Z M N O Ž R
I L T D E O H H M T E L A И
Š P A A N L G L J I V A N Z
S U I J I I S T E F D N H
B C N Z C N O S L B D A J G
A P A K E V I Š N J E P Y P
G M V V A G Y O P A Y S A A
J N F S J L Z L M T H A V P
```

BANANE	HLEB
BROKOLI	RIBE
VIŠNJE	PILE
ČOKOLADA	PARADAJZ
SIR	ŠUNKA
GLJIVA	PIRINAČ
PŠENICE	CELER
KIVI	JAJE
JABUKA	GROŽĐA
PATLIDŽAN	JOGURT

58 - Nutrizione

```
B P H P P T O M S P Z K K Z
A C Z G D E O T R O V И V D
U P L V Č Z D R A V V A R
U U E K N N Z G O R K A L A
U R M T S O A G J V D R I V
U K A S I S Č C E I I E T L
J A U V R T I T S T J N E J
T U A S N I N M T A E J T E
K Y T O H O I Z I M T E E I
L Z J S C M T C V I A K Ž A
Z P O F I P A E O N Z F I G
K A L O R I J A Ž A Z И N Y
A A D H G P R O T E I N A L
D G T O N Y G C Y H N P R F
```

GORKA
APETIT
URAVNOTEŽEN
KALORIJA
JESTIVO
DIJETA
VARENJE
UKUS
TEČNOSTI
TEŽINA

DEO
PROTEINA
KVALITET
SOS
ZDRAVLJE
ZDRAV
ZAČINI
OTROV
VITAMIN

59 - Matematica

```
D E C I M A L N E P A P P S
K V A D R A T N J K J O R I
P E R I M E T A R P E L A M
A A T G C G D D I F D I V E
P A R A L E L N I R N G O T
U R E A E O V D G A A O U R
G I K P L M J P G K Č N G I
L T S R O E K Z Y C I A A J
O M P E D T L K J I N Z O A
V E O Č S R O O O J A A N A
A T N N E I R B G A L D I O
P I E I K J R G I R Z J K P
O K N K H E T A M M A P V H
Z A T R A D I J U S C M C H
```

UGLOVA
ARITMETIKA
OBIM
DECIMALNE
PREČNIK
ODSEK
JEDNAČINA
EKSPONENT
FRAKCIJA

GEOMETRIJE
PARALELNI
PARALELOGRAM
PERIMETAR
POLIGONA
KVADRAT
RADIJUS
PRAVOUGAONIK
SIMETRIJA

60 - Bagno

```
R  B  P  T  F  G  S  T  O  A  L  E  T  R
K  O  G  L  E  D  A  L  O  S  A  P  U  N
S  U  Đ  E  R  Z  G  A  G  H  N  T  O
И  И  P  M  A  K  A  Z  E  V  F  Z  G  A
K  I  A  K  Z  M  E  H  U  R  I  Ć  A  A
Z  P  R  A  A  P  E  Š  K  I  R  N  H  M
Z  M  F  A  A  A  L  И  R  M  U  U  A  O
S  N  E  R  R  R  E  K  V  E  E  И  A
L  G  M  J  H  E  P  T  T  E  P  I  H  P
V  O  D  A  L  Š  A  M  P  O  N  C  B  D
V  T  S  M  H  V  L  P  J  L  A  H  P  U
T  U  Š  I  И  G  A  B  E  C  B  J  R  P
S  P  G  F  O  R  P  P  V  Y  D  G  A  J
I  B  И  B  K  N  K  M  I  N  S  D  P  U
```

VODA	PARFEM
PEŠKIR	SLAVINA
KUPKA	SAPUN
MEHURIĆA	ŠAMPON
TUŠ	OGLEDALO
MAKAZE	SUNĐER
TOALET	TEPIH
LOSION	PARE

61 - Meditazione

```
T  K  I  K  P  J  N  V  B  A  C  C  M  D
I  H  P  P  O  A  M  D  A  I  E  D  U  I
Š  F  U  H  K  S  Ž  I  H  U  S  G  Z  S
I  L  M  I  R  N  O  N  S  T  A  V  I  A
N  P  R  U  E  O  A  M  J  L  M  R  K  N
A  R  K  H  T  Ć  L  O  A  A  I  P  A  J
C  I  O  P  Z  E  M  O  C  I  J  A  M  E
V  R  T  L  J  U  B  A  Z  N  O  S  T  I
P  O  S  M  A  T  R  A  N  J  E  M  U  U
U  D  M  E  N  T  A  L  N  E  N  I  S  M
S  A  O  S  E  Ć  A  N  J  E  A  R  P  Z
Z  A  H  V  A  L  N  O  S  T  P  T  E  P
H  J  P  R  I  H  V  A  T  A  N  J  E  D
D  P  E  R  S  P  E  K  T  I  V  E  N  A
```

PRIHVATANJE	POKRET
PAŽNJA	MUZIKA
MIRNO	PRIRODA
JASNOĆE	POSMATRANJE
SAOSEĆANJE	MIR
EMOCIJA	MISLI
LJUBAZNOST	STAV
ZAHVALNOST	PERSPEKTIVE
MENTALNE	DISANJE
UM	TIŠINA

62 - Estate

```
P  M  C  N  B  P  A  T  N  V  Z  E  P  G
O  P  R  I  J  A  T  E  L  J  I  I  L  P
R  Z  U  G  S  D  Š  R  H  R  A  P  A  Y
O  L  P  R  O  A  G  T  A  N  I  U  Ž  P
D  M  J  E  D  S  N  U  A  D  M  I  A  R
I  O  И  A  M  E  И  D  U  U  O  J  G  O
C  R  A  V  O  Ć  L  I  A  G  Z  S  P  N
A  E  G  H  R  A  N  A  F  L  V  L  T  J
J  P  R  И  N  U  A  U  F  E  O  M  E
E  B  V  H  P  J  H  F  H  I  Z  B  U  N
P  U  T  O  V  A  T  I  R  O  D  O  Z  J
K  A  M  P  O  V  A  N  J  E  E  D  I  E
K  N  J  I  G  E  K  U  Ć  A  P  N  K  D
R  E  L  A  K  S  A  C  I  J  A  O  A  A
```

PRIJATELJI	MORE
KAMPOVANJE	MUZIKA
KUĆA	SEĆANJA
HRANA	RELAKSACIJA
PORODICA	SANDALE
BAŠTA	PLAŽA
IGRE	ZVEZDE
RADOST	SLOBODNO
RONJENJE	ODMOR
KNJIGE	PUTOVATI

63 - Escursionismo

```
V Y S G J S L U P V I R M Ž
O D Č И V U R D B O N S G I
D N I A L N P M P D L A Z V
I P Z V L C D R M A P A И O
Č P M A L E S Y I R U M C T
I V E H I J K F M R E O M I
P T E Š K A A Y R P O E B N
U R G K L I M A I И P D B J
M P I T I J E K C J E G A E
O P Y P F Y N P A R K O V A
R B V И R И J P O L O Ž A J
A Z R P И E E C A R M D B R
N B N S M H M P L A N I N E
E K A M P O V A N J E Z Y P
```

VODA	PARKOVA
ŽIVOTINJE	TEŠKA
KAMPOVANJE	KAMENJE
KLIMA	PRIPREMA
VODIČI	KLIF
MAPA	DIVLJA
PLANINE	SUNCE
PRIRODA	UMORAN
POLOŽAJ	ČIZME

64 - Professioni #1

```
S  E  S  T  R  A  A  D  P  A  F  U  K  M
B  H  U  R  E  D  N  I  K  I  A  R  A  U
K  A  T  E  И  V  C  S  M  I  R  M  R  Z
Z  B  G  N  Z  O  V  A  C  И  M  G  T  I
L  L  F  E  N  K  F  L  A  F  A  M  O  Č
D  R  A  R  B  A  N  K  A  R  C  M  G  A
O  R  V  T  K  T  U  Y  N  И  E  O  R  R
B  L  И  P  A  L  G  Č  U  E  U  R  A  E
C  H  G  G  V  R  H  D  N  I  T  N  F  V
P  L  E  S  A  Č  I  C  A  I  K  A  K  K
J  O  O  U  M  E  T  N  I  K  K  R  P  A
N  V  L  C  N  A  S  T  R  O  N  O  M  M
A  A  O  H  P  P  S  I  H  O  L  O  G  O
D  C  G  A  M  B  A  S  A  D  O  R  E  G
```

TRENER   UREDNIK
AMBASADOR   FARMACEUT
UMETNIK   GEOLOG
ASTRONOM   ZLATAR
ADVOKAT   SESTRA
PLESAČICA   MORNAR
BANKAR   MUZIČAR
LOVAC   PSIHOLOG
KARTOGRAF   NAUČNIK

65 - Antartide

```
B P E B M G G G L E Č E R A
E U M O I R E K J Y B D J F
J D C V G J O J I V P O I A
N V S O R D G O G T P N S R
T Z D B A V R V O N O R T O
P J L L C N A U Č N E V R K
V O D A И F U U O K H A I
D U B C J I I B V S D G Ž H
S R U I E J J P A T E E I D
A H A U Z L E D N R I F V B
M I N E R A L A J V Z L A D
R A G R L A J Z E A L K Č I
K U L O O K O N T I N E N T
T E M P E R A T U R A V E C
```

VODA
BEJ
KITOVA
OČUVANJE
KONTINENT
GEOGRAFIJE
GLEČERA
LED

OSTRVA
MIGRACIJE
MINERALA
OBLACI
ISTRAŽIVAČ
ROKI
NAUČNE
TEMPERATURA

66 - Libri

```
N S D V O J N O S T I S E K
R A E P S K E I H A S T A N
E U R R T V V O P L T R K J
L T O A I A M B M K O A O I
E O M L T J P I K Z R N L Ž
V R A P O O A V V P I A E E
A Y N T E P R I Č A J L K V
N V K O N T E K S T S V C N
T R A G I Č N E C B K U I E
N V L N A P I S A N I Č J D
O O N J T H Y J T Z D I A E
E K N L A U V B P Z Y T D И
G N K U D F R C J G E A F J
P O E Z I J E A S U U Č O B
```

AUTOR
AVANTURA
KOLEKCIJA
KONTEKST
DVOJNOST
EPSKE
KNJIŽEVNE
ČITAČ
NARATOR

STRANA
POEZIJE
RELEVANTNO
ROMAN
NAPISAN
SERIJA
PRIČA
ISTORIJSKI
TRAGIČNE

67 - Geografia

```
Y  M  O  R  E  A  Z  A  P  A  D  V  K  T
A  D  S  T  S  T  B  И  L  Z  E  I  R  E
T  D  T  K  S  V  B  C  A  V  E  S  E  R
L  F  R  B  O  K  E  A  N  C  A  I  G  I
A  R  V  A  U  O  H  T  I  B  J  N  I  T
S  M  O  D  P  N  T  R  N  D  N  U  O  O
I  H  O  D  C  T  T  M  E  H  K  B  N  R
L  Z  H  E  M  I  S  F  E  R  E  E  A  I
K  O  Y  F  A  N  Z  E  M  L  J  U  S  J
P  F  A  J  P  E  S  E  V  E  R  U  A  E
M  H  R  U  A  N  R  E  K  E  S  N  G  B
P  V  P  T  R  T  A  P  C  A  R  R  R  V
J  J  I  V  I  S  I  N  A  M  V  M  A  K
M  E  R  I  D  I  J  A  N  C  N  C  D  L
```

VISINU	MERIDIJAN
ATLAS	SVET
GRAD	PLANINE
KONTINENT	SEVER
VISINA	OKEAN
HEMISFERE	ZAPAD
REKE	ZEMLJU
OSTRVO	REGIONA
MAPA	JUG
MORE	TERITORIJE

68 - Cibo #1

```
Š  L  B  I  T  C  P  J  S  M  D  T  E  K
E  C  Y  E  B  J  E  A  A  R  O  U  N  B
Ć  I  N  U  E  E  F  G  L  R  O  N  K  O
E  M  S  I  L  Č  I  O  A  T  P  A  P  S
R  E  P  A  I  A  N  D  T  I  O  H  G  I
A  T  D  D  L  M  Š  A  A  P  H  R  G  L
Z  D  L  N  U  L  A  S  B  N  R  N  T  J
K  R  U  Š  K  E  R  O  O  I  J  Y  J  A
S  A  A  N  O  K  G  K  N  M  Z  M  A  K
P  O  N  J  A  A  I  L  G  J  N  F  Z
A  D  B  M  U  V  R  L  I  M  U  N  V  Y
N  A  N  E  N  P  E  B  U  J  Y  A  Z  K
A  C  I  S  H  E  P  E  H  K  B  M  M  Z
Ć  U  D  A  E  R  A  M  H  R  A  P  Y  N
```

BELI LUK	NANE
BOSILJAK	JEČAM
CIMET	KRUŠKE
MESA	REPA
ŠARGAREPA	SO
LUK	SPANAĆ
JAGODA	SOK
SALATA	TUNA
MLEKA	TORTA
LIMUN	ŠEĆERA

69 - Aeroplani

```
S  N  Z  Y  M  C  P  U  T  N  I  K  S  K
K  A  C  E  O  G  O  R  I  V  O  F  L  O
A  V  A  N  T  U  R  A  A  Y  G  Y  E  N
R  M  Y  E  O  K  J  F  C  V  O  S  T  S
A  T  H  B  R  S  E  N  V  I  C  Y  A  T
И  P  F  O  P  H  A  I  N  S  N  U  N  R
P  M  I  И  I  K  O  U  L  I  Y  B  J  U
S  O  F  P  L  P  S  S  I  N  S  M  A  K
I  I  S  T  O  R  I  J  A  A  A  V  E  C
L  K  Z  A  T  M  O  S  F  E  R  A  B  I
A  C  G  Z  D  V  I  S  I  N  U  Y  Z  J
Z  Y  K  Z  V  E  V  O  D  O  N  I  K  A
A  U  И  K  V  A  Z  D  U  H  B  Y  V  K
K  R  E  T  A  N  J  E  B  A  L  O  N  M
```

VISINA	SILAZAK
VISINU	POSADE
VAZDUH	VODONIK
ATMOSFERA	MOTOR
SLETANJA	KRETANJE
AVANTURA	BALON
GORIVO	PUTNIK
NEBO	PILOT
KONSTRUKCIJA	ISTORIJA
PRAVCU	

70 - Pirati

```
O S T R V O B L A G O F C P
P R M U L P O S A D E P K E
Z A И M K A P E T A N A C Ć
P A V A D S I D R O B J H I
I L A V A N T U R A P V E N
V I A P A O Y E H И T I N E
K J И Ž V S K O V A N I C E
G M Z L A T O A L И C R A A
M A Č P G M M A C O Y T J J
A G P M V B P Y I T Š V A P
P G C I B H A J F R T E R J
A P I V B J S O Ž I L J A K
L J A L E G E N D A A A F C
Z A S T A V A P A P A G A J
```

SIDRO	LEGENDA
AVANTURA	MAPA
ZASTAVA	KOVANICE
KOMPAS	ZLATO
KAPETAN	PAPAGAJ
LOŠE	OPASNOST
OŽILJAK	RUM
POSADE	MAČ
PEĆINE	PLAŽA
OSTRVO	BLAGO

71 - Colori

```
F U P N R I M C A C V P H G
A J R O C O V R K S I V A Y
L I T P M F Z V Ž U T J G U
P L A V A O B E O S D Z A L
Z P I I P V R N O K S P Z N
E N И P T E F A A R A Z U E
L L N Y N I U T N Y A A R T
E R H D E B C A U D R K E O
N O U B E Ž H И T D Ž D C A
Y C I R U F S E P I J A N P
P R P A A H I O N K C R N A
N R J O V Y A M A G E N T A
R E O N A P S V H M C Z E M
Y T N L J U B I Č A S T A P
```

POMORANDŽA
AZURE
BEŽ
BEO
PLAVA
CIJAN
FUCHSIA
ŽUT
SIVA

MAGENTA
BRAON
CRNA
ROZE
CRVENA
SEPIJA
ZELEN
LJUBIČASTA

72 - Spiaggia

```
K L R L S U D G J H R G F J
A Y M U O D M O R H A C K E
R R L I P S T J U E T M J D
D D I C E J M B J P B N U R
H A P A И T G V C N R E B I
L P A M N A B S U U I O N L
A L K M O F L O P E S A K I
G A E D B V D L O Č H M P C
U V P S A N D A L E A T L A
N A G U L R O K E A N M V B
E R V N E M K I Š O B R A N
L F T C V M O S T R V O A C
I O P E Š K I R Z L B P A O
K R A B A S H V E R B Z P M
```

PEŠKIR
ČAMAC
JEDRILICA
PLAVA
OBALE
DOK
KRABA
OSTRVO
LAGUNE

MORE
OKEAN
KIŠOBRAN
PESAK
SANDALE
GREBEN
SUNCE
ODMOR

73 - Avventura

```
A  Š  T  O  E  A  T  G  Y  N  O  V  A  L
K  Y  A  G  Y  I  B  I  Z  A  Z  O  V  A
T  B  N  N  A  P  N  C  P  V  Y  D  E  P
I  R  E  D  S  A  O  L  R  I  G  R  S  R
V  H  A  E  T  A  L  D  I  G  E  E  I  I
N  A  R  A  D  O  S  T  R  A  K  D  G  J
O  O  P  A  S  A  N  T  O  C  S  I  U  A
S  A  P  N  B  G  O  N  D  I  K  Š  R  T
T  P  R  I  P  R  E  M  A  J  U  T  N  E
K  Y  N  L  E  P  O  T  A  U  R  E  O  L
T  E  Š  K  O  Ć  E  S  И  A  Z  B  S  J
R  P  R  O  G  R  A  M  T  T  I  D  T  I
N  E  O  B  I  Č  N  O  A  L  J  Z  O  P
P  U  T  U  J  E  B  H  F  A  E  H  K  S
```

PRIJATELJI	PROGRAM
AKTIVNOST	PRIRODA
LEPOTA	NAVIGACIJU
ŠANSA	NOVA
HRABROST	OPASAN
ODREDIŠTE	PRIPREMA
TEŠKOĆE	IZAZOVA
EKSKURZIJE	SIGURNOST
RADOST	PUTUJE
NEOBIČNO	

74 - Forme

```
P  R  A  V  O  U  G  A  O  N  I  K  C  A
O  R  T  R  O  U  G  A  O  V  A  L  N  E
L  A  I  C  S  T  R  A  N  A  S  I  K  O
I  A  D  Z  P  S  A  M  R  I  S  P  O  J
G  J  C  Z  M  N  I  N  B  F  O  U  C  O
O  N  H  I  P  E  R  B  O  L  A  G  K  S
N  B  B  U  I  O  A  C  E  Y  K  A  A  F
A  A  M  C  R  P  K  R  U  G  K  O  D  E
I  F  O  F  A  A  V  E  S  O  L  R  P  R
G  V  A  N  M  O  A  P  L  J  N  Z  A  I
A  C  I  L  I  N  D  A  R  I  J  T  O  A
A  L  K  C  D  K  R  I  V  E  P  N  N  P
L  U  K  R  E  D  A  T  A  B  V  S  R  T
P  A  O  P  A  K  T  I  P  G  P  L  E  N
```

UGAO	STRANA
LUK	RED
IVICE	OVALNE
KRUG	PIRAMIDE
CILINDAR	POLIGONA
KLIP	PRIZME
KOCKA	KVADRAT
KRIVE	PRAVOUGAONIK
ELIPSE	SFERI
HIPERBOLA	TROUGAO

75 - Oceano

```
P E R G L H B Y A A O M J I
T A L A S A O N S O L E E E
C L H U G A H B L B U D G S
F L H Y Š K E Y O T J U U U
T G P P K I P R K T A Z L N
K R A B A T A A A D N A J Đ
I E J H M J M L Z M E I A E
D B K C P Y S P O S G D C R
P E U И I F T Č L R F U R E
T N L Y K O R A L I T U N A
A O A F M S P M U B M L И U
O S T R I G A A A E H E A V
S N A Z E N G C S O A H И D
S O T N K O R N J A Č A S Y
```

JEGULJA
KIT
ČAMAC
KORAL
DELFIN
ŠKAMPI
KRABA
PLIME
MEDUZA
TALASA

OSTRIGA
RIBE
HOBOTNICE
SO
GREBEN
SUNĐER
AJKULA
KORNJAČA
OLUJA
TUNA

76 - Famiglia

```
T  G  I  U  M  M  V  P  A  D  B  V  F  И
B  L  I  Z  A  N  C  I  S  E  S  T  R  A
O  T  A  C  J  G  L  K  R  T  O  T  Z  Z
P  R  F  I  K  Y  A  V  O  I  Č  E  B  T
N  R  E  D  A  B  F  O  Đ  N  I  T  U  V
I  E  E  E  L  A  R  M  A  J  N  K  T  F
D  Z  Ć  D  P  K  И  A  K  S  S  A  U  Y
Z  C  P  A  A  A  A  J  T  T  K  D  E  K
Z  J  F  V  K  K  И  Č  A  V  E  E  N  U
S  U  P  R  U  G  A  I  E  A  V  C  I  J
Ć  E  R  K  A  R  Z  N  G  M  И  A  J  A
T  S  E  A  V  C  И  S  Y  U  Z  V  G  K
F  И  G  I  G  V  V  K  A  Ž  Y  M  Z  L
M  V  P  D  L  L  D  E  T  E  K  H  O  H
```

PREDAK	MAJČINSKE
DECA	SUPRUGA
DETE	NEĆAK
ROĐAK	BAKA
ĆERKA	DEDA
BRAT	OTAC
BLIZANCI	OČINSKE
DETINJSTVA	SESTRA
MAJKA	TETKA
MUŽ	UJAK

77 - Veicoli

```
Y  T  K  И  I  I  T  G  A  K  N  Č  M  P
H  T  A  V  I  O  N  U  I  O  H  A  F  N
B  L  I  K  P  M  H  M  J  L  R  M  S  R
J  Y  S  E  S  O  M  E  M  A  E  A  K  J
A  P  H  S  H  I  D  P  O  S  H  C  L  J
S  K  U  T  E  R  K  M  T  M  V  S  T  И
P  J  H  H  L  L  B  A  O  T  A  И  Y  G
L  B  I  C  I  K  L  U  R  R  Z  B  L  G
A  F  T  V  K  A  U  T  A  A  N  C  A  P
V  F  N  U  O  M  V  O  K  J  V  I  Y  P
P  N  U  O  P  I  M  B  E  E  O  A  C  C
E  K  M  A  T  O  J  U  T  K  Z  Z  N  E
Z  И  F  E  N  J  S  A  T  N  R  P  J
O  M  E  T  R  O  T  R  A  K  T  O  R  U
```

AVION	MOTOR
HITNU	GUME
KOLA	RAKETA
AUTOBUS	SKUTER
ČAMAC	PODMORNICE
BICIKL	TAKSI
KAMION	TRAJEKT
KARAVAN	TRAKTOR
HELIKOPTER	VOZ
METRO	SPLAV

78 - Emozioni

```
A A C B O P U Š T E N O R L
S A R L J M O T T U A P E J
A L Z A H V A L A N G И L U
D L A Ž D O S A D E B A J B
R J D E V O N L Z Y A H E A
Ž U O N T N S P O K O J F Z
A B V S V K I T S T R A H N
J A O T N S M M I R N Z N O
P V L V E I P I P H E C L S
M K J O Ž J A U R M R Z E T
И H A N N F T T И N K Z E H
C И N C O B I P T T O F Y F
Y A F E S C J G И R T V D P
B C M O T B E S R A M O T A
```

LJUBAV

BLAŽENSTVO

MIRNO

SADRŽAJ

LJUBAZNOST

RADOST

ZAHVALAN

SRAMOTA

DOSADE

MIR

STRAH

BES

OPUŠTENO

RELJEF

SIMPATIJE

ZADOVOLJAN

NEŽNOST

SPOKOJ

TUGA

79 - Natura

```
T  F  D  G  G  L  E  Č  E  R  A  M  N  H
T  R  O  P  S  K  E  R  I  S  P  A  N  G
R  E  B  U  P  Ž  S  S  O  И  F  G  L  S
Š  K  L  S  O  I  K  V  S  Z  D  L  I  Y
U  E  A  T  K  V  L  E  L  N  I  A  Š  L
M  Y  C  I  O  O  T  И  A  V  J  Ć  E
A  Y  I  N  J  T  N  I  T  A  L  V  E  P
N  R  E  J  A  I  I  L  P  S  J  I  M  O
A  N  K  I  N  N  Š  I  L  Č  A  T  P  T
G  Y  L  T  N  J  T  Š  A  Z  E  A  D  A
R  D  D  S  I  E  E  T  N  M  Z  L  И  Z
C  V  E  U  M  K  M  E  I  C  F  N  E  N
D  I  N  A  M  I  Č  A  N  F  F  I  Z  A
A  J  H  P  J  A  O  H  E  P  V  T  F  N
```

ŽIVOTINJE
PČELE
ARKTIK
LEPOTA
PUSTINJI
DINAMIČAN
EROZIJE
REKE
LIŠĆE
ŠUMA

GLEČER
PLANINE
MAGLA
OBLACI
SKLONIŠTE
SVETILIŠTE
DIVLJA
SPOKOJAN
TROPSKE
VITALNI

80 - Balletto

```
B N A K O M P O Z I T O R S
T A H O U M E T N I Č K E S
И И L R G R A C I O Z A N И
G G J E G E S T N J F J I O
R Y Y O R A P L A U Z V K R
I I S G J I P L E S A Č A K
Z P T R P I N A R U V T O E
R U I A Z B N A A C A Z F S
A B L F M M I Š I Ć A V F T
Ž L Z I U N N V E Š T I N A
A I Y J P I H E H S A D R R
J K L A Y C K Ž M U Z I K A
A E V I P L D B F B I A V V
N G C Y P U V A P R O B E G
```

VEŠTINA
APLAUZ
UMETNIČKE
BALERINA
PLESAČA
KOMPOZITOR
KOREOGRAFIJA
IZRAŽAJAN
GEST

GRACIOZAN
MIŠIĆA
MUZIKA
ORKESTAR
VEŽBA
PROBE
PUBLIKE
RITAM
STIL

81 - Castelli

```
R S G K K R U N U A N V J A
D D P J E D N O R O G И C P
R M P G G B O A C E M Z S D
O K L O P B Y H B I Y P K I
P B P V V A V B P J H L I N
A R R D I N A S T I J E K Z
L T I V E T L I B C F M A Č
A V N N D N E И G E E T U
T R C U C И U Z I D U N A E
A Đ E C Š H P M K U D I P И
M A Z M T U V A O U A T U B
E V A A I И G J N P L I L S
C A R S T V A I J A N A T I
K R A L J E V S T V O O A F
```

OKLOP
KATAPULT
VITEZ
KONJ
KRUNU
DINASTIJE
ZMAJ
FEUDALNO
TVRĐAVA
CARSTVA

PLEMENITI
PALATA
ZID
PRINC
PRINCEZA
KRALJEVSTVO
ŠTIT
MAČ
KULA
JEDNOROG

82 - Campionato

```
G И P C E F O L S P T M P S
S P O R T L F I P R I C L P
T R E N E R T G L V M S A S
B V P Z S T R A T E G I J U
D A N Z N E Z H Y N Z I Z D
M K P F N O H M Z S V A C I
U M E D A L J A C T L N G J
L U A U S Z B E Z V P A Y A
T O B Y T S F E N O J H V A
E U E K U F G B J J O N И V
T A R Y P Y C И V I E A L A
P F I N A L I S T A G P H L
U M O T I V A C I J A R B И
S M S P J R P O B E D A E N
```

TRENER
PRVENSTVO
PRVAK
FINALISTA
IGRE
SUDIJA
LIGA
MEDALJA

MOTIVACIJA
NASTUP
SPORT
TIM
STRATEGIJU
ZNOJENJE
TURNIR
POBEDA

83 - Foresta Pluviale

```
V  K  S  V  P  B  R  U  I  N  O  J  H  A
R  R  I  O  O  O  E  T  A  И  Č  E  R  U
E  A  S  D  Š  T  S  O  K  V  U  K  S  T
D  Z  A  O  T  A  T  Č  T  P  V  V  M  O
N  N  R  Z  O  N  A  I  C  Z  A  Y  D  H
E  O  A  E  V  I  U  Š  R  D  N  Z  Ž  T
K  L  I  M  A  Č  R  T  A  I  J  A  U  O
R  I  O  C  T  K  A  E  P  N  E  J  N  N
Z  K  S  I  I  I  C  V  R  S  T  E  G  I
C  O  B  L  A  C  I  N  I  E  K  D  L  H
U  S  O  G  И  J  P  R  K  C  N  I  D
P  T  I  C  E  R  A  H  O  T  K  I  Z  R
O  P  S  T  A  N  A  K  D  I  N  C  C  V
E  M  A  H  O  V  I  N  A  R  C  A  A  L
```

VODOZEMCI
BOTANIČKI
KLIMA
ZAJEDNICA
RAZNOLIKOST
DŽUNGLI
AUTOHTONIH
INSEKTI
SISARA
MAHOVINA

PRIRODA
OBLACI
OČUVANJE
VREDNE
RESTAURACIJA
UTOČIŠTE
POŠTOVATI
OPSTANAK
VRSTE
PTICE

84 - Edifici

```
B  O  L  N  I  C  A  R  G  T  L  J  G  A
S  I  A  M  B  A  S  A  D  E  P  M  V  M
U  L  O  N  M  D  F  A  B  R  I  K  E  B
P  A  A  S  Š  U  A  H  S  C  V  A  I  A
E  B  H  T  K  B  L  V  O  V  A  B  D  R
R  O  A  A  O  O  M  E  V  S  L  I  F  E
M  R  N  D  L  A  P  O  O  M  T  N  U  K
A  A  I  I  A  P  S  B  O  E  S  E  Y  U
R  T  P  O  N  U  N  T  I  J  H  T  L  L
K  O  G  N  U  Y  E  Š  A  T  O  R  P  A
E  R  B  U  M  U  Z  E  J  N  T  G  A  N
T  I  P  O  Z  O  R  I  Š  T  E  A  G  L
A  J  O  I  Z  A  M  A  K  D  L  F  K  R
R  A  U  N  I  V  E  R  Z  I  T  E  T  A
```

AMBASADE	BOLNICA
STAN	HOSTEL
KABINE	ŠKOLA
ZAMAK	STADION
BIOSKOP	SUPERMARKETA
FABRIKE	POZORIŠTE
AMBAR	ŠATOR
HOTEL	KULA
LABORATORIJA	UNIVERZITET
MUZEJ	

85 - Paesi #2

```
G E N P K I Z T E J P N P R
B R K U K R A J I N A I A U
C Z Č И V K L U F A K G T S
R K F K G R B P L C I E Z I
S B Y Z E H A I T I S R L J
I T T O И T N K И L T I A A
R S U D A N I R S K A J O L
I P S E O T J O P M N A S I
J A P A N N A R P A K S U B
E S E T M M E K S I K O G E
D A N S K A U P M M J Z A R
K I J A M A J K A Y G E N I
E A V R D J B M A L И V D J
I N D O N E Z I J A G H I E
```

ALBANIJA	LIBERIJE
DANSKA	MEKSIKO
ETIOPIJE	NEPAL
JAMAJKA	NIGERIJA
JAPAN	PAKISTAN
GRČKE	RUSIJA
HAITI	SIRIJE
INDONEZIJA	SUDAN
IRSKA	UKRAJINA
LAOS	UGANDI

86 - Tipi di Capelli

```
G  G  H  Z  A  V  S  A  M  E  K  A  P  H
C  L  H  L  I  L  P  I  J  A  O  V  L  F
B  R  T  B  N  O  P  K  S  I  V  A  A  R
A  A  P  F  J  B  L  U  O  D  R  L  V  Z
P  F  K  M  G  R  E  L  Ć  C  D  A  A  F
T  И  B  M  D  A  T  O  E  S  Ž  Z  E  G
F  A  H  A  U  O  E  K  L  R  A  V  U  P
C  Y  N  O  G  N  N  N  A  E  V  L  D  H
C  B  K  A  O  L  I  E  V  B  A  I  E  J
S  U  V  A  K  S  A  Z  D  R  A  V  B  D
O  B  O  J  E  N  E  T  B  O  И  A  E  E
K  R  A  T  A  K  U  S  K  H  M  B  O  R
C  R  N  A  J  E  V  R  L  A  M  A  B  U
P  L  E  T  E  N  I  C  E  T  A  B  F  K
```

SREBRO	DUGO
SUVA	BRAON
BEO	MEKA
PLAVA	CRNA
KRATAK	KOVRDŽAVA
ĆELAV	LOKNE
OBOJENE	ZDRAV
SIVA	TANAK
PLETENI	DEBEO
GLATKA	PLETENICE

87 - Vestiti

```
K A P U T C L U Š N Z L G N
N E S U K N J A A E P F Y K
A F C O P V U L L B Š E И G
R A D E U B И O G R L I C A
U R R B L U Z A H V V P R K
K M C U R J A K N U Y V A O
V E I H K S A O T B M L F Š
I R P M P A N T A L O N E U
C K E M O N V Z H F D S A L
A E L R J D P I D Ž A M E J
D E A A A A N B C F P A I A
И I P D S L P E S E R H U A
E U K I A E H A L J I N A И
D Ž E M P E R I Z I H P M H
```

HALJINA	KECELJA
NARUKVICA	RUKAVICE
BLUZA	FARMERKE
KOŠULJA	DŽEMPER
ŠEŠIR	MODA
KAPUT	PANTALONE
POJAS	PIDŽAME
OGRLICA	SANDALE
JAKNU	CIPELA
SUKNJA	ŠAL

88 - Attività e Tempo Libero

```
K  R  R  P  L  I  V  A  N  J  E  L  E  F
B  A  I  O  P  U  Š  T  A  J  U  Ć  E  U
E  J  M  B  N  T  O  P  G  И  L  P  T  D
J  U  E  P  O  J  M  H  O  B  I  J  E  B
Z  J  R  N  O  L  E  S  L  O  M  P  N  A
B  L  T  J  M  V  O  N  F  K  A  T  I  L
O  D  B  O  J  K  A  V  J  S  P  Y  S  E
L  J  R  Y  N  A  O  N  O  E  D  N  D  E
K  O  Š  A  R  K  U  A  J  A  L  Z  S  E
U  M  E  T  N  O  S  T  D  E  B  Y  L  A
S  U  R  F  O  V  A  N  J  E  G  H  I  K
B  A  Š  T  O  V  A  N  S  T  V  O  K  L
P  L  A  N  I  N  A  R  E  N  J  E  U  Z
D  E  A  P  U  T  O  V  A  T  I  O  E  S
```

UMETNOST	RONJENJE
BEJZBOL	PLIVANJE
KOŠARKU	ODBOJKA
BOKS	RIBOLOV
FUDBAL	SLIKU
KAMPOVANJE	OPUŠTAJUĆE
PLANINARENJE	SURFOVANJE
BAŠTOVANSTVO	TENIS
GOLF	PUTOVATI
HOBIJE	

89 - Tecnologia

```
N  C  K  K  D  I  G  I  T  A  L  N  I  I
A  P  O  D  A  T  A  K  A  I  O  R  U  N
J  Z  E  D  P  M  C  E  Y  S  L  F  O  T
O  D  И  G  H  P  E  K  R  T  V  A  S  E
B  H  C  B  L  O  G  R  V  R  I  M  T  R
F  E  И  V  K  R  V  A  A  A  R  P  A  N
V  E  V  I  R  U  S  N  R  Ž  T  R  T  E
K  U  Y  S  I  K  E  H  B  I  U  E  I  T
U  M  N  B  Y  A  D  V  A  V  E  G  S  K
R  R  A  Č  U  N  A  R  J  A  L  L  T  A
S  I  G  U  R  N  O  S  T  N  N  E  I  И
O  J  S  P  M  A  J  E  O  J  I  D  K  D
R  L  K  F  S  O  F  T  V  E  R  A  A  A
A  D  A  T  O  T  E  K  A  H  V  Č  U  F
```

BLOG	PORUKA
PREGLEDAČ	ISTRAŽIVANJE
BAJTOVA	EKRAN
RAČUNAR	SIGURNOST
KURSORA	SOFTVER
PODATAKA	STATISTIKA
DIGITALNI	KAMERA
DATOTEKA	VIRTUELNI
INTERNET	VIRUS

90 - Arte

```
I  R  H  S  L  I  K  E  H  A  S  K  N  I
M  S  A  T  A  T  V  J  D  T  K  O  A  N
H  S  K  V  P  S  S  A  B  C  U  M  D  S
L  I  C  R  K  V  T  V  F  Z  L  P  R  P
O  N  K  T  E  A  E  A  G  C  P  L  E  I
I  H  Y  I  G  N  M  I  V  B  T  E  A  R
O  R  I  G  I  N  A  L  N  E  U  K  L  I
K  E  R  A  M  I  Č  K  E  A  R  S  I  S
И  S  V  C  И  I  Z  R  A  Z  E  N  Z  A
R  A  S  P  O  L  O  Ž  E  N  J  E  A  N
S  I  M  B  O  L  I  B  L  L  A  H  M  F
P  O  R  T  R  E  T  Č  M  A  F  H  I  O
L  P  O  E  Z  I  J  E  N  И  A  P  L  T
N  Z  K  I  S  T  V  O  R  I  T  I  J  H
```

KERAMIČKE	LIČNI
KOMPLEKS	POEZIJE
SASTAV	PORTRET
STVORITI	SKULPTURE
SLIKE	SIMBOL
IZRAZ	TEMA
INSPIRISAN	NADREALIZAM
ISKREN	RASPOLOŽENJE
ORIGINALNE	

91 - Meteo

```
P E N E F И N M O N S U N U
P O V E T A R A C L B V B R
D M A G L A И B M E U P G A
A U V M O B L A K D M J K G
P N G R M L J A V I N A A A
L J F A И U P N K L B F M N
C E T E M P E R A T U R A M
P A K A A T U G B T A R R S
T O R N A D O S L Y A A E S
A K L I M A H T R O P S K E
D M F A A T M O S F E R A N
S U V A R J D I U K B И L E
C A J L A N N N Š G J P E B
F P N K P Z I V E T A R G O
```

DUGA	OBLAK
SUVA	POLARNI
ATMOSFERA	SUŠE
POVETARAC	TEMPERATURA
NEBO	OLUJA
KLIMA	TORNADO
MUNJE	TROPSKE
LED	GRMLJAVINA
MONSUN	URAGAN
MAGLA	VETAR

92 - Corpo Umano

```
A E I J H L Z N M И A D I L
N R F P B B T E Z Z K R V P
K V J P R S T F P S O K O Z
O F N И A K V R A T Ž A D P
C E P U M O H U K O A C I F
L P G D E Č M K U M S A M L
L A K A T N P A B A O R R C
I B O J T I O E P K U Z C M
C R L F Y Z Y G D N S H A E
E A E C V G I N U J T B E K
F D N O S L C S G K A I O N
L A O C Y O G L A V A M K K
U V O R A B K O O E U K O И
И V H Y I L F Y P R И D R F
```

USTA	RUKA
SKOČNI ZGLOB	BRADA
MOZAK	NOS
VRAT	OKO
SRCE	UVO
PRST	KOŽA
LICE	KRV
NOGU	RAME
KOLENO	STOMAK
LAKAT	GLAVA

93 - Mammiferi

```
Y  S  L  O  N  Z  G  V  U  K  L  A  V  N
T  A  D  V  K  E  N  G  U  R  I  K  M  M
H  N  J  C  O  B  V  P  L  R  S  T  G  H
N  L  R  E  M  R  H  S  A  E  I  P  T  Z
H  И  Ž  I  R  A  F  A  E  Y  C  И  C  J
G  L  N  T  R  P  Č  J  G  B  A  E  E  D
P  A  S  V  F  M  A  K  F  I  M  L  A  K
K  O  J  O  T  A  K  E  A  K  H  P  T  L
S  A  H  Z  A  J  D  O  F  R  P  J  P  Y
Y  J  U  U  B  M  E  T  N  N  Z  E  C  H
Z  C  N  M  R  U  L  T  Z  J  И  Y  H  M
B  U  E  D  C  N  F  R  I  Y  G  U  P  M
J  E  L  E  N  A  I  C  H  T  H  Y  H  O
M  E  D  V  E  D  N  G  O  R  I  L  A  R
```

KIT	ŽIRAFA
PAS	GORILA
KENGUR	LAV
KONJ	VUK
JELENA	MEDVED
ZEC	OVCE
KOJOTA	MAJMUN
DELFIN	BIK
SLON	LISICA
MAČKA	ZEBRA

94 - Arrampicata

```
O P M B U G C P D K M T A S
P B Z I Z A Z O V A O J P T
G F U V P A V V F B E P L A
A G R K A M I R S D N R A B
A A A D A A A E U S K A N I
L C I M U P P D P K F D I L
C T M R K A L A E A I O N N
R U K A V I C E Ć C Z Z A O
S P V Č I Z M E I I I N R S
D H N I N F I C N G Č A E T
G I V T S N A G E U K L N V
T E R E N I C P U R I O J N
V O D I Č I N J P C G S E B
E K S P E R T U Y H A T G G
```

VISINU   RUKAVICE
KACIGU   VODIČI
RADOZNALOST   POVREDA
PLANINARENJE   MAPA
EKSPERT   IZAZOVA
FIZIČKI   STABILNOST
OBUKA   ČIZME
SNAGE   USKA
PEĆINE   TEREN

95 - Animali Domestici

```
V P A P A G A J G P K M U F
E D O V C U И U P A F I B P
T L V V P Z A G P S J Š C И
E L R F O K O Z A I A N B D
R T A Y I D E E I E Y M N K
I I U L R T A C J M E R L L
N A B P E J O C S H N V E G
A F G E P I G U Š T E R M H
R D G G R J F O T T K S A R
O K O V R A T N I K E U Č A
H R Č A K M T M Š R R N E N
T E V O D A D R A A G A E A
M A Č K A D V B P V G И G P
K O R N J A Č A E A O R D R
```

VODA	MAČKA
PAS	POVODAC
KOZA	GUŠTER
HRANA	KRAVA
REP	PAPAGAJ
OKOVRATNIK	RIBE
ZEC	KORNJAČA
HRČAK	MIŠ
ŠTENE	VETERINAR
MAČE	ŠAPE

96 - Cucina

```
O  S  A  U  J  U  S  F  U  K  K  Č  Š  T
И  I  L  N  B  K  A  Š  I  K  E  I  T  E
S  V  I  L  J  U  Š  K  E  O  C  N  A  G
F  A  B  K  J  D  V  M  D  G  E  I  P  L
J  R  L  B  И  F  J  G  A  I  L  J  I  U
F  H  I  V  C  H  J  G  S  R  J  U  Ć  R
P  O  V  Ž  E  Š  O  L  J  E  A  H  I  O
O  D  K  A  I  T  Z  I  K  R  J  R  N  Š
D  B  I  P  A  D  A  A  Y  N  B  A  N  T
R  E  C  E  P  T  E  J  Č  A  S  N  O  I
H  H  L  P  V  T  A  R  F  I  P  A  Ž  L
F  J  F  И  R  L  O  N  C  A  N  P  E  J
C  K  E  A  Č  S  U  N  Đ  E  R  I  V  T
Z  A  M  R  Z  I  V  A  Č  A  J  N  I  K
```

ŠTAPIĆI	FRIŽIDER
ČAJNIK	KECELJA
VRČ	ROŠTILJ
HRANA	LONCA
ČINIJU	RECEPT
NOŽEVI	ZAČINI
ZAMRZIVAČ	SUNĐER
KAŠIKE	ŠOLJE
VILJUŠKE	SALVETA
RERNA	TEGLU

97 - Vacanze #2

```
K  J  S  L  O  B  O  D  N  O  J  P  P  T
J  A  Z  M  A  S  R  U  A  D  H  A  U  A
M  P  M  I  E  J  T  R  P  M  O  S  T  K
O  B  T  P  R  A  L  R  L  O  T  O  O  S
R  E  S  T  O  R  A  N  A  R  E  Š  V  I
E  V  O  Z  D  V  C  H  Ž  N  L  V  A  P
K  I  P  A  R  Z  A  T  A  Y  A  L  N  R
A  Š  A  T  O  R  P  N  O  Y  M  C  J  E
C  R  G  G  M  K  M  A  J  S  A  I  E  V
O  D  R  E  D  I  Š  T  E  E  T  M  H  O
F  O  T  O  G  R  A  F  I  J  E  R  K  Z
K  Y  M  I  M  A  P  A  V  I  Z  A  V  B
F  S  T  K  P  G  A  E  J  Y  E  E  Y  O
F  B  R  C  B  A  P  R  P  N  C  И  A  U
```

AERODROM
KAMPOVANJE
ODREDIŠTE
FOTOGRAFIJE
HOTEL
OSTRVO
MAPA
MORE
PASOŠ
RESTORAN

PLAŽA
STRANAC
TAKSI
SLOBODNO
ŠATOR
PREVOZ
VOZ
ODMOR
PUTOVANJE
VIZA

98 - Attività

```
S Š G D H И A J Z И K Z R F
P P I Z A I U U A O E A I O
B L Z V P C D V G I R D B T
A E A K E G R T O K A O O O
Š S N N A N R L N A M V L G
T P A J I J J Y E M I O O R
O C T U G N M E T P K L V A
V A A G R N A A K O E J R F
A E I N E Y G R E V L S Z I
N U Š L T G I J E A O T I J
S Č I T A N J E P N V V B E
T M M V I K A L T J J O H L
V U M E T N O S T E U E P M
O K A R E L A K S A C I J A
```

VEŠTINA
UMETNOST
ZANATA
LOV
KAMPOVANJE
KERAMIKE
ŠIVENJE
PLES
PLANINARENJE

FOTOGRAFIJE
BAŠTOVANSTVO
IGRE
ČITANJE
MAGIJA
RIBOLOV
ZADOVOLJSTVO
ZAGONETKE
RELAKSACIJA

99 - Forniture Artistiche

```
L E H V R T Z V P K V O D A
A E S H P I A G A R E C B K
O Y P I И E U S S E P U O V
U L P A K R I L T A A G J A
L T И B K L E J E T P A E R
T И R M E D H S L I I L K E
M A S T I L O T A V R J A L
G U M I C A Y A S N C И M I
Z O L O V K E L J O L G E D
D S S J Č R A A S S E H R E
F P R U E Z E K T T Y V A J
P T I U T F S T O L I C A E
R D D V K F P M B M A P S F
K И G S E B И I S I T H F V
```

VODA	GUMICA
AKVARELI	IDEJE
AKRIL	MASTILO
KLEJ	OLOVKE
UGALJ	ULJE
PAPIR	PASTELA
STALAK	STOLICA
LEPAK	ČETKE
BOJE	STO
KREATIVNOST	KAMERA

100 - Misurazioni

```
D U B I N A S U E Z И K Y E
M E T D M U T V A Y P J D R
I E C K I L O G R A M B C H
I N T I R Y N R P R N A E D
M D Č A M G A A S И E J N A
I U Y A R A G M L Z M T T M
N Ž Š P J A L U N C A M I A
U I I I V P C N P B R A M S
T N R K I L O M E T A R E E
B A I L S T E Ž I N A R T L
Z A N I I V O L U M E N A Z
A H A T N S T E P E N C R T
A D J A A S V N O S C Z E P
B R O R R Z A L I J Y U D A
```

VISINA	DUŽINA
BAJT	MASE
CENTIMETAR	METAR
KILOGRAM	MINUT
KILOMETAR	UNCA
DECIMALNE	TEŽINA
STEPEN	INČA
GRAM	DUBINA
ŠIRINA	TONA
LITAR	VOLUMEN

1 - Scacchi
2 - Aggettivi #2
3 - Pesca
4 - Aggettivi #1
5 - Geologia
6 - Campeggio
7 - Arti Visive
8 - Esplorazione
9 - Tempo
10 - Astronomia
11 - Circo
12 - Mitologia

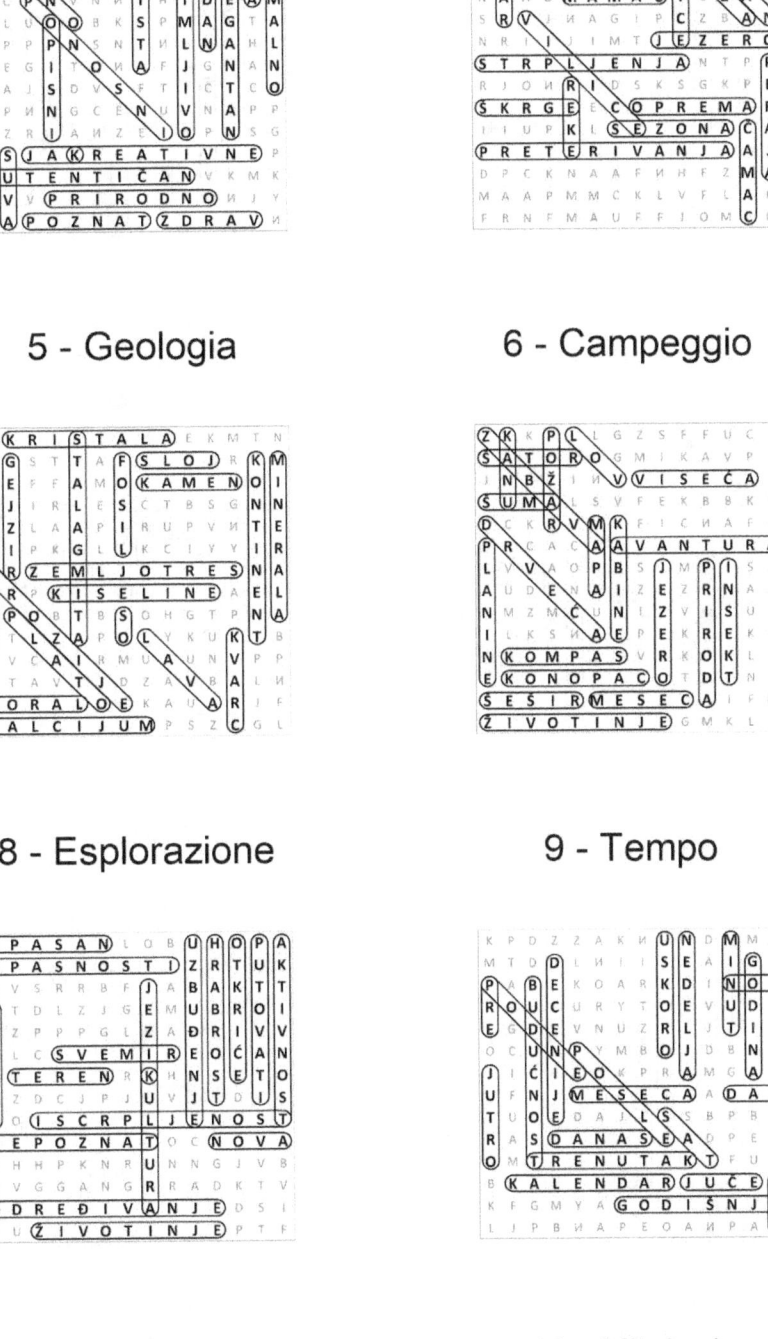
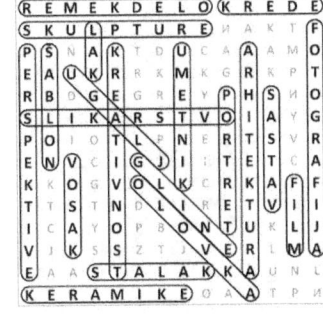
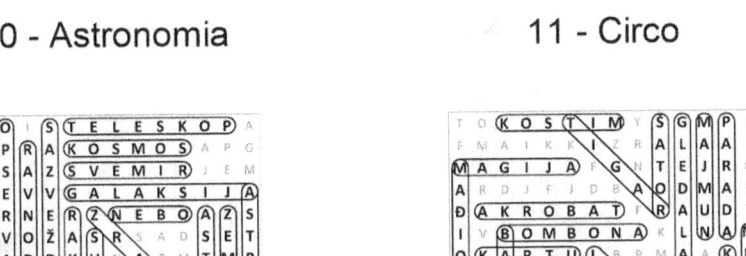
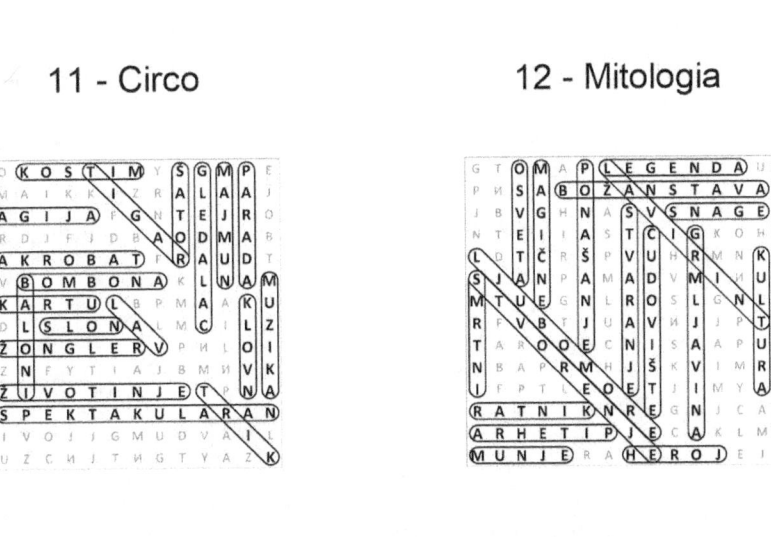

13 - Piante

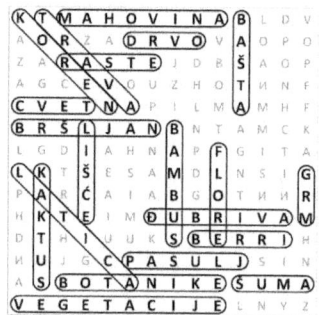

14 - Spezie

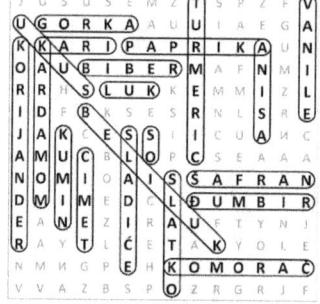

15 - Numeri

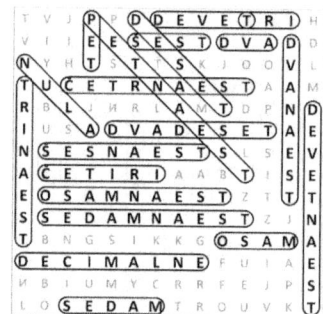

16 - Cioccolato

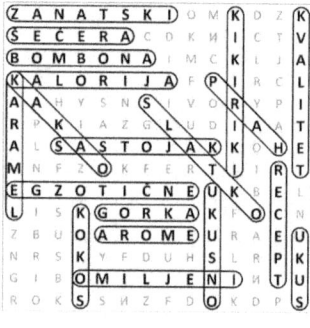

17 - Guida

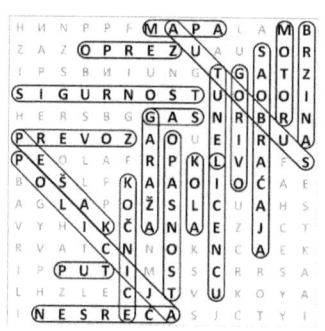

18 - Sport

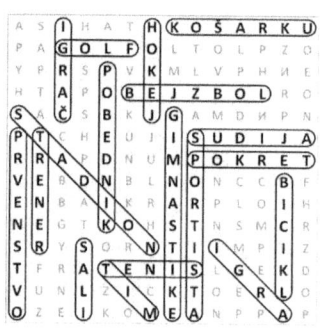

19 - Giocattoli

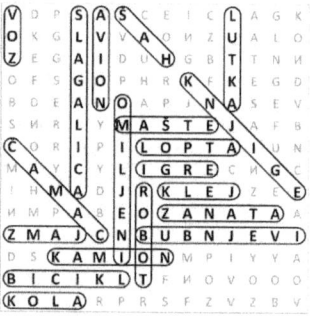

20 - Uccelli

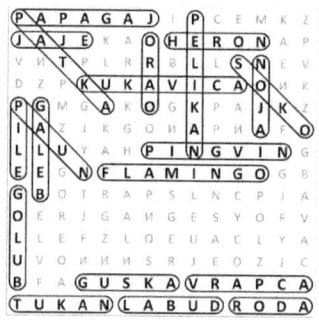

21 - Giorni e Mesi

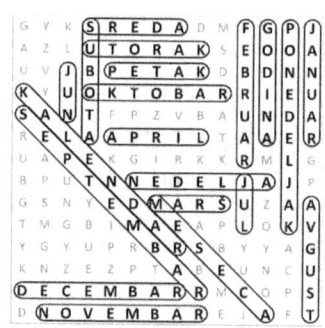

22 - Casa

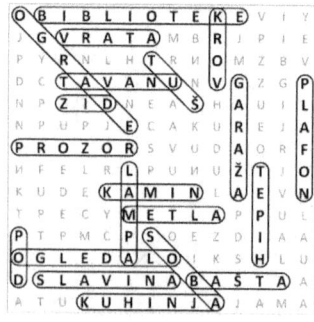

23 - Ristorante #1

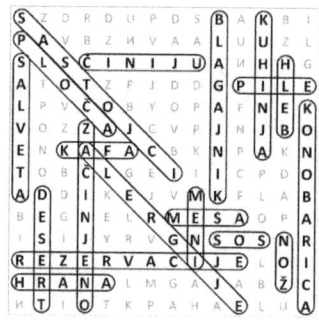

24 - Fantascienza

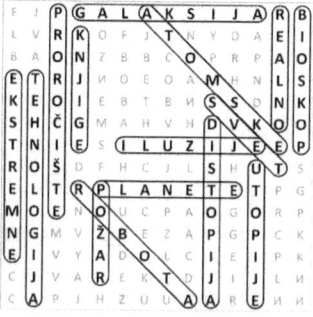

25 - Città

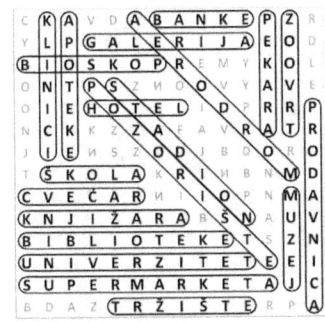

26 - Virtù #1

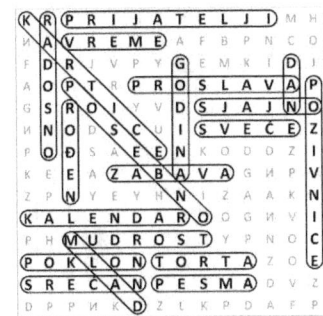

27 - Compleanno

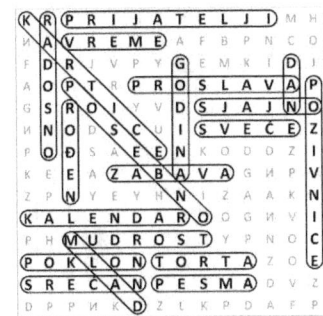

28 - Fattoria #1

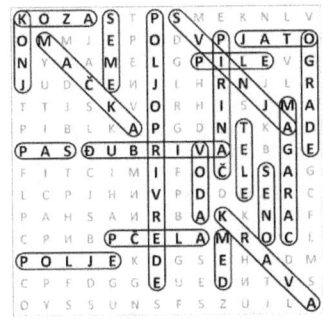

29 - Paesaggi

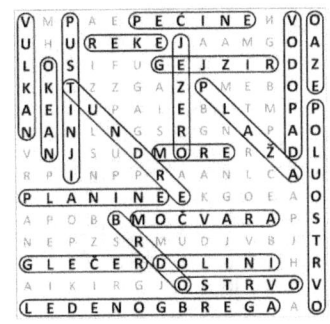

30 - Ristorante #2

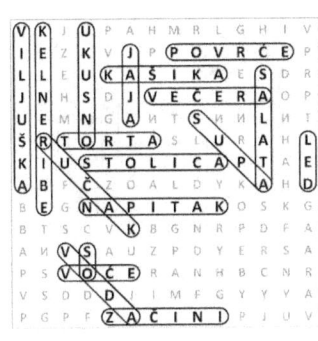

31 - Giardino

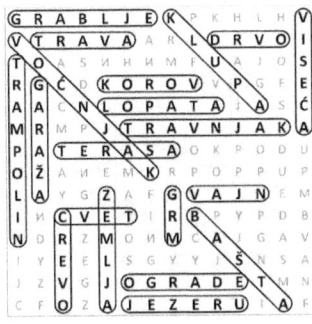

32 - Frutta

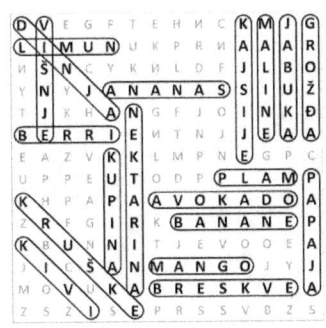

33 - Fattoria #2

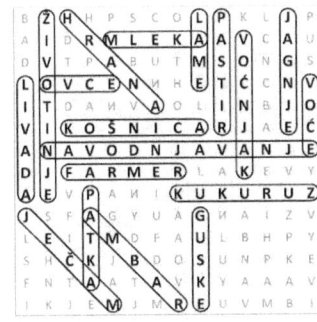

34 - Dinosauri

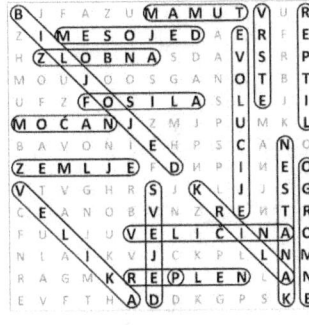

35 - Verdure

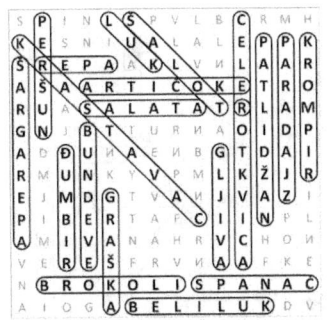

36 - Scuola #2

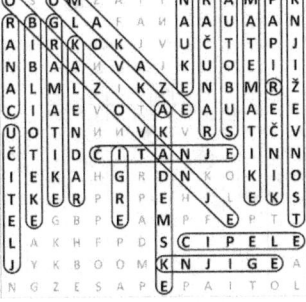

37 - Barbecue

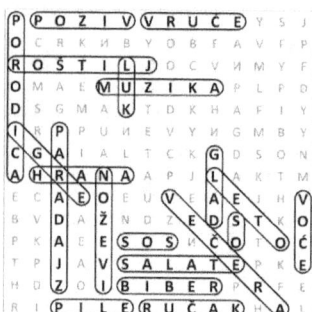

38 - Riempire

39 - Insetti

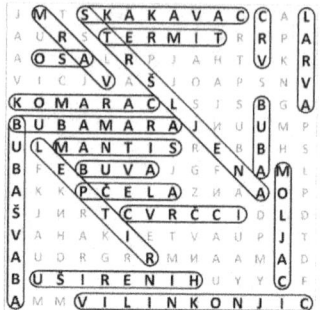

40 - Erboristeria

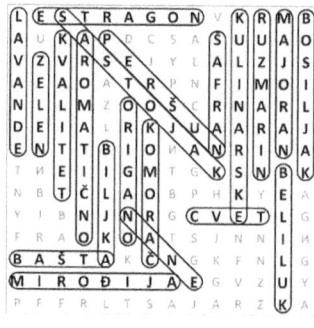

41 - Danza

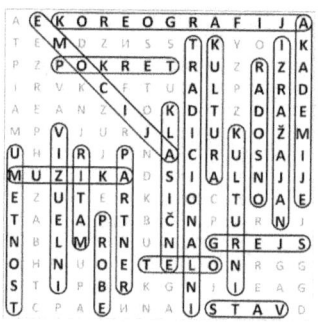

42 - Commedia

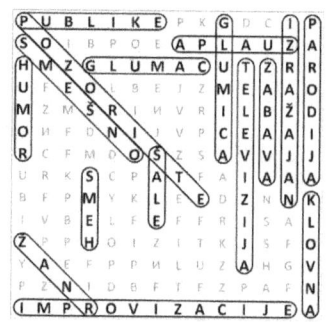

43 - Scuola #1

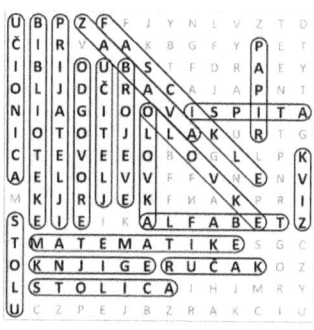

44 - Fiori

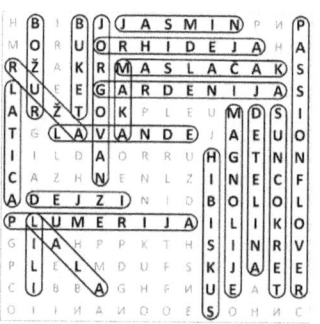

45 - Ecologia

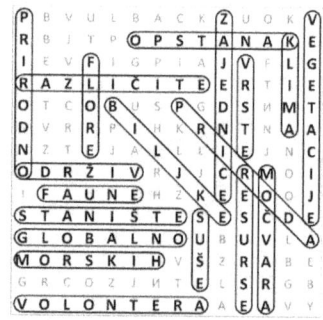

46 - Discipline Scientifiche

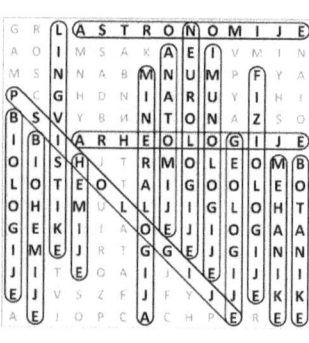

47 - Scienza

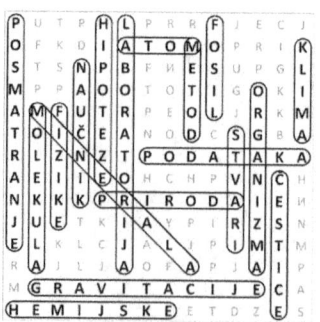

48 - Acqua

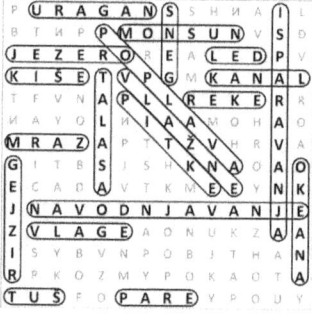

49 - Gatti

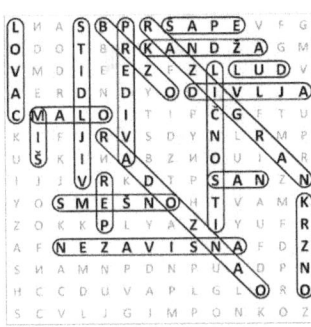

50 - Surf

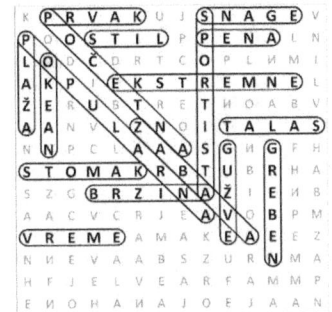

51 - Imbarcazioni

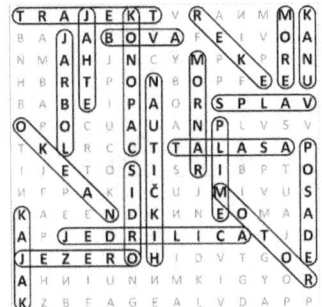

52 - Api

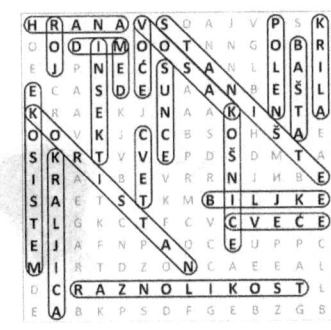

53 - Conservazione

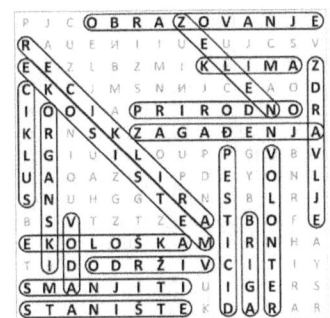

54 - Strumenti Musicali

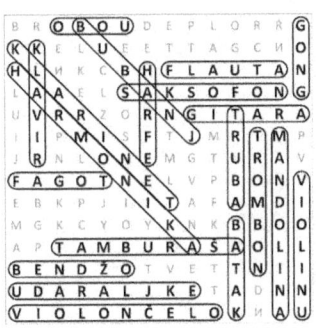

55 - Professioni #2

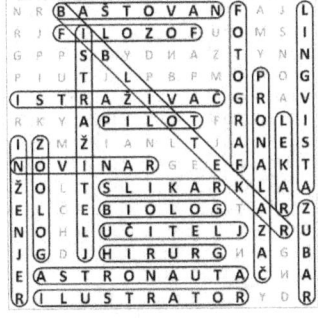

56 - Letteratura

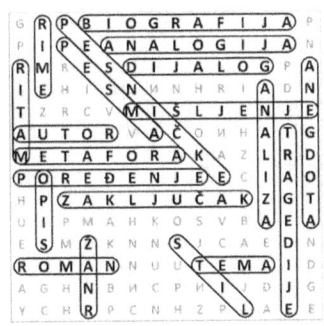

57 - Cibo #2

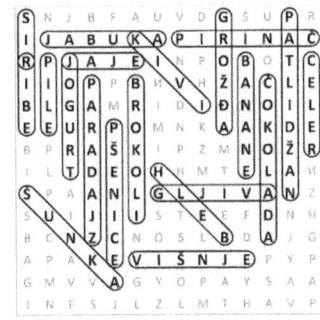

58 - Nutrizione

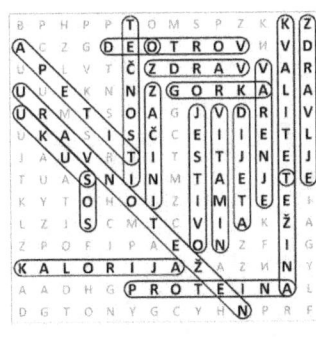

59 - Matematica

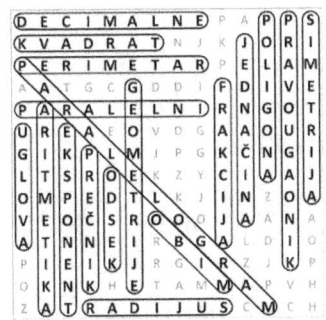

60 - Bagno

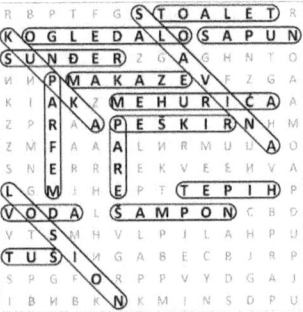

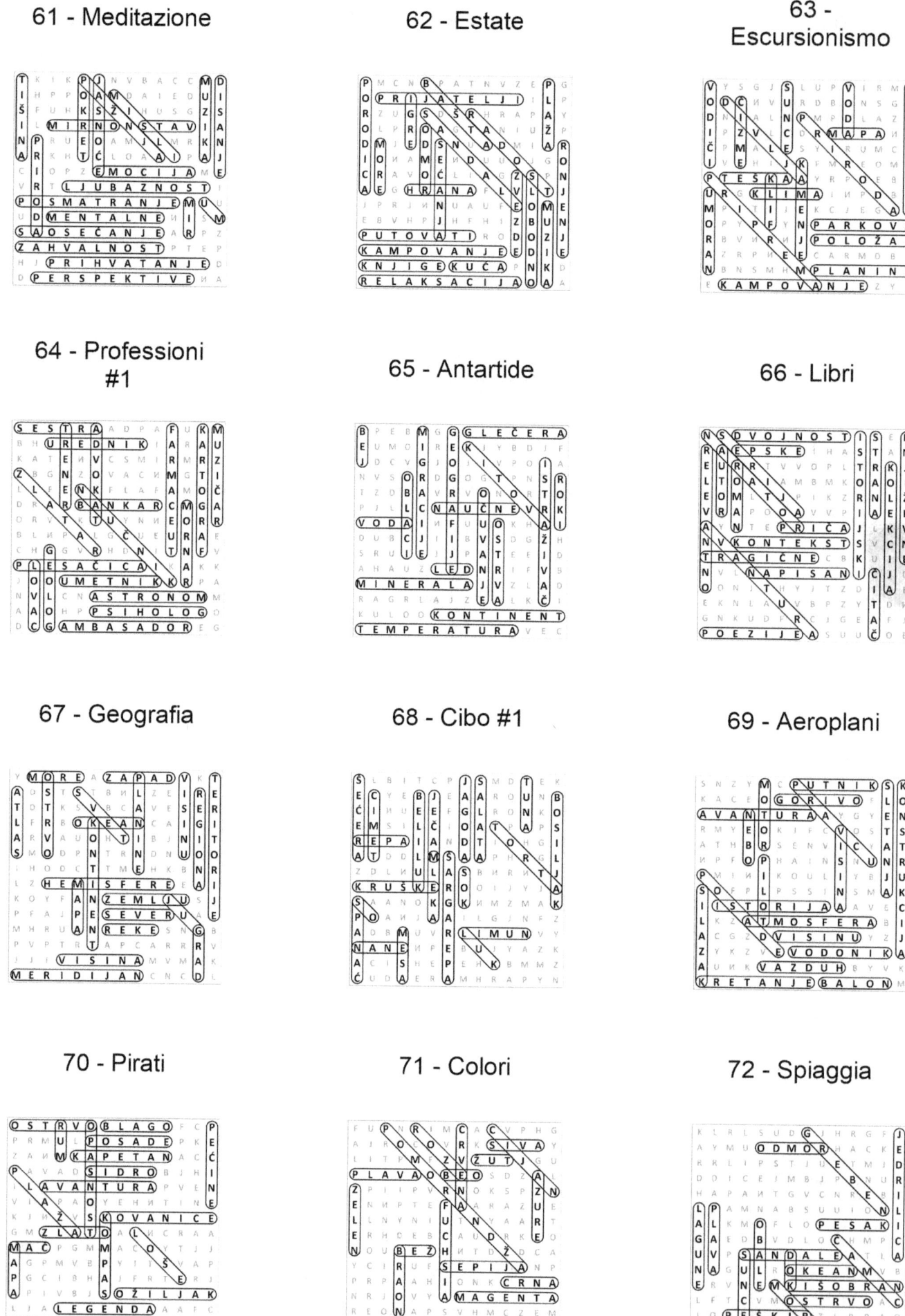

61 - Meditazione

62 - Estate

63 - Escursionismo

64 - Professioni #1

65 - Antartide

66 - Libri

67 - Geografia

68 - Cibo #1

69 - Aeroplani

70 - Pirati

71 - Colori

72 - Spiaggia

73 - Avventura

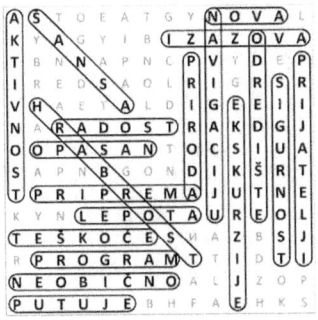

74 - Forme

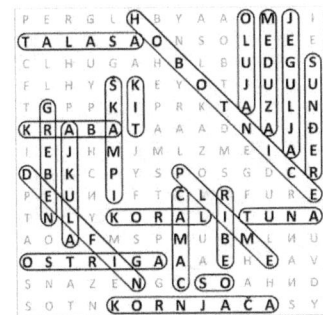

75 - Oceano

76 - Famiglia

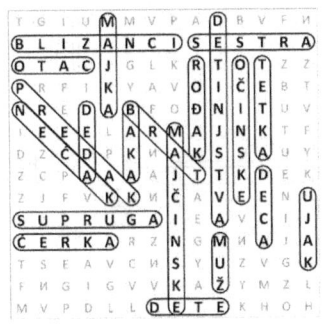

77 - Veicoli

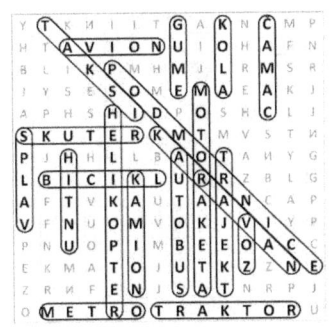

78 - Emozioni

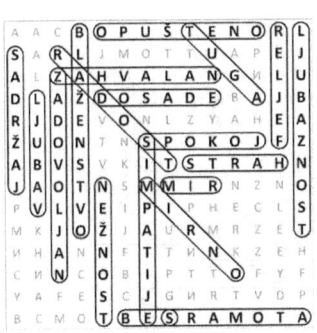

79 - Natura

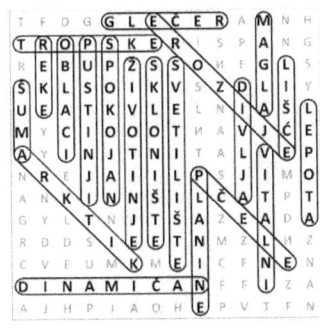

80 - Balletto

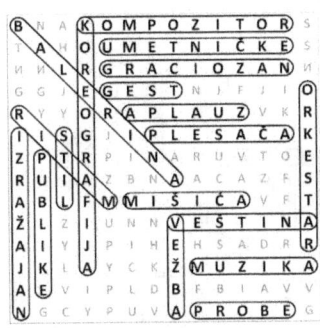

81 - Castelli

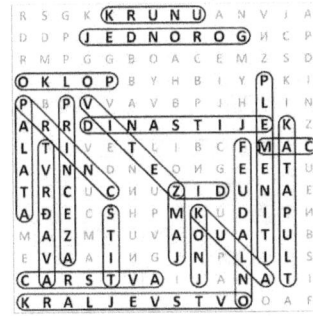

82 - Campionato

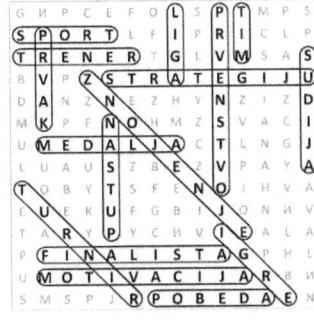

83 - Foresta Pluviale

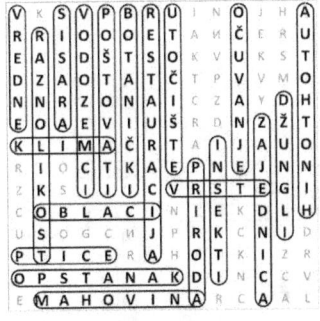

84 - Edifici

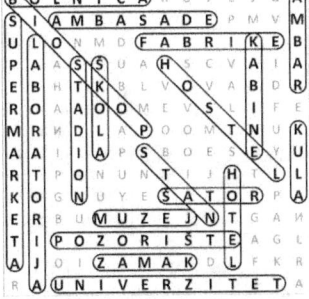

85 - Paesi #2

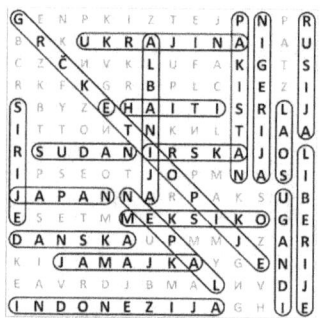

86 - Tipi di Capelli

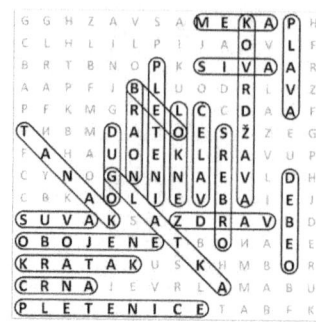

87 - Vestiti

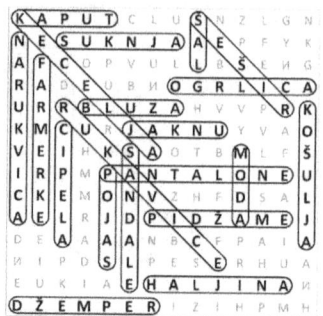

88 - Attività e Tempo Libero

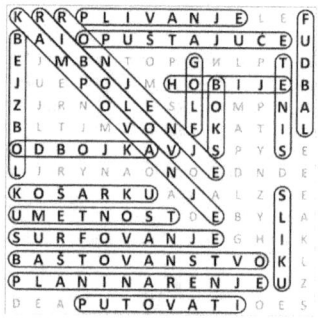

89 - Tecnologia

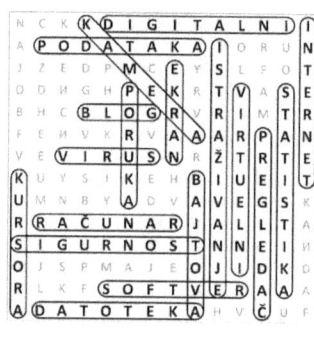

90 - Arte

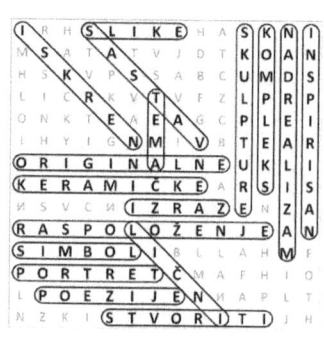

91 - Meteo

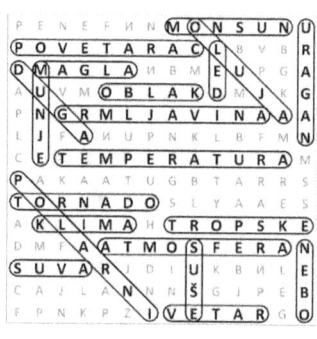

92 - Corpo Umano

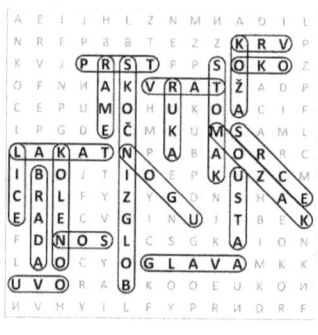

93 - Mammiferi

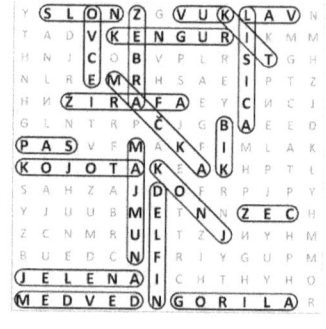

94 - Arrampicata

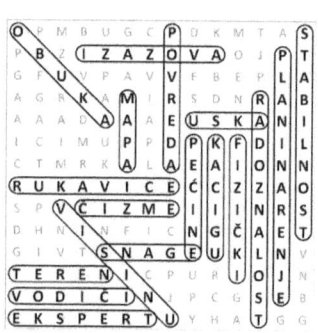

95 - Animali Domestici

96 - Cucina

97 - Vacanze #2

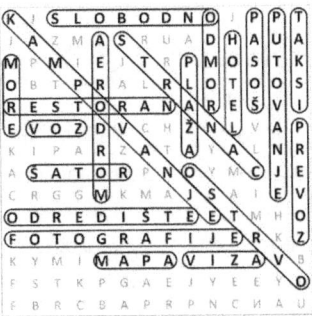

98 - Attività

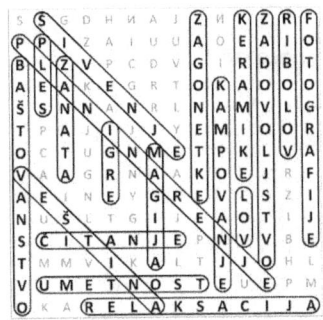

99 - Forniture Artistiche

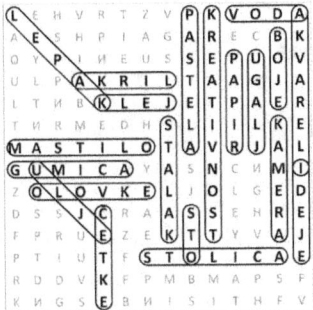

100 - Misurazioni

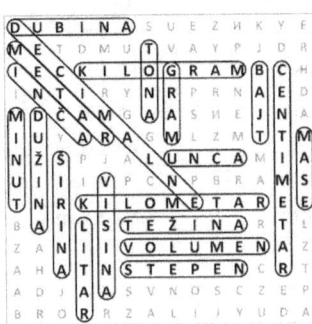

Dizionario

Acqua
Voda

Alluvione	Poplava
Canale	Kanal
Doccia	Tuš
Evaporazione	Isparavanja
Fiume	Reke
Gelo	Mraz
Geyser	Gejzir
Ghiaccio	Led
Irrigazione	Navodnjavanje
Lago	Jezero
Monsone	Monsun
Neve	Sneg
Oceano	Okeana
Onde	Talasa
Pioggia	Kiše
Potabile	Pitke
Umidità	Vlage
Umido	Vlažne
Uragano	Uragan
Vapore	Pare

Aeroplani
Avioni

Altezza	Visina
Altitudine	Visinu
Aria	Vazduh
Atmosfera	Atmosfera
Atterraggio	Sletanja
Avventura	Avantura
Carburante	Gorivo
Cielo	Nebo
Costruzione	Konstrukcija
Direzione	Pravcu
Discesa	Silazak
Equipaggio	Posade
Idrogeno	Vodonik
Motore	Motor
Navigare	Kretanje
Palloncino	Balon
Passeggero	Putnik
Pilota	Pilot
Storia	Istorija
Turbolenza	Turbulencije

Aggettivi #1
Придеви Бр.

Ambizioso	Ambiciozan
Aromatico	Aromatično
Artistico	Umetničke
Assoluto	Apsolutne
Attivo	Aktivan
Enorme	Ogroman
Esotico	Egzotične
Generoso	Velikodušan
Giovane	Mlad
Grande	Velika
Identico	Identičan
Importante	Važno
Lento	Sporo
Lungo	Dugo
Moderno	Moderan
Onesto	Iskren
Perfetto	Savršeno
Pesante	Teška
Prezioso	Vredne
Sottile	Tanak

Aggettivi #2
Придеви Бр.

Affamato	Gladan
Asciutto	Suva
Autentico	Autentičan
Creativo	Kreativne
Descrittivo	Opisni
Dolce	Slatko
Drammatico	Dramatičan
Elegante	Elegantan
Famoso	Poznat
Forte	Jak
Interessante	Zanimljivo
Naturale	Prirodno
Normale	Normalno
Nuovo	Nova
Orgoglioso	Ponosni
Produttivo	Produktivni
Puro	Čista
Responsabile	Odgovoran
Salato	Slano
Sano	Zdrav

Animali Domestici
Kućni Ljubimci

Acqua	Voda
Cane	Pas
Capra	Koza
Cibo	Hrana
Coda	Rep
Collare	Okovratnik
Coniglio	Zec
Criceto	Hrčak
Cucciolo	Štene
Gattino	Mače
Gatto	Mačka
Guinzaglio	Povodac
Lucertola	Gušter
Mucca	Krava
Pappagallo	Papagaj
Pesce	Ribe
Tartaruga	Kornjača
Topo	Miš
Veterinario	Veterinar
Zampe	Šape

Antartide
Антарктика

Acqua	Voda
Ambiente	Okruženju
Baia	Bej
Balene	Kitova
Conservazione	Očuvanje
Continente	Kontinent
Geografia	Geografije
Ghiacciai	Glečera
Ghiaccio	Led
Isole	Ostrva
Migrazione	Migracije
Minerali	Minerala
Nuvole	Oblaci
Penisola	Poluostrvo
Ricercatore	Istraživač
Roccioso	Roki
Scientifico	Naučne
Spedizione	Ekspedicije
Temperatura	Temperatura
Topografia	Topografije

Api
Pčele

Ali	Krila
Alveare	Košnice
Benefico	Koristan
Cera	Vosak
Cibo	Hrana
Diversità	Raznolikost
Ecosistema	Ekosistem
Fiori	Cveće
Fiorire	Cvet
Frutta	Voće
Fumo	Dim
Giardino	Bašta
Habitat	Stanište
Insetto	Insekt
Miele	Med
Piante	Biljke
Polline	Polen
Regina	Kraljica
Sciame	Roj
Sole	Sunce

Arrampicata
Penjanje

Altitudine	Visinu
Atmosfera	Atmosfera
Casco	Kacigu
Curiosità	Radoznalost
Escursioni	Planinarenje
Esperto	Ekspert
Fisico	Fizički
Formazione	Obuka
Forza	Snage
Grotta	Pećine
Guanti	Rukavice
Guide	Vodiči
Lesione	Povreda
Mappa	Mapa
Sfide	Izazova
Stabilità	Stabilnost
Stivali	Čizme
Stretto	Uska
Terreno	Teren

Arte
Umetnost

Ceramica	Keramičke
Complesso	Kompleks
Composizione	Sastav
Creare	Stvoriti
Dipinti	Slike
Espressione	Izraz
Ispirato	Inspirisan
Onesto	Iskren
Originale	Originalne
Personale	Lični
Poesia	Poezije
Ritrarre	Portret
Scultura	Skulpture
Semplice	Jednostavan
Simbolo	Simbol
Soggetto	Tema
Surrealismo	Nadrealizam
Umore	Raspoloženje
Visivo	Vizuelni

Arti Visive
Vizuelne Umetnosti

Architettura	Arhitektura
Argilla	Gline
Artista	Umetnik
Capolavoro	Remek-Delo
Carbone	Ugalj
Cavalletto	Stalak
Cera	Vosak
Ceramica	Keramike
Composizione	Sastav
Creatività	Kreativnost
Film	Film
Fotografia	Fotografija
Gesso	Krede
Matita	Olovka
Pittura	Slikarstvo
Prospettiva	Perspektive
Ritratto	Portret
Scultura	Skulpture
Stampino	Šablon
Vernice	Lak

Astronomia
Astronomija

Asteroide	Asteroid
Astronauta	Astronauta
Astronomo	Astronom
Cielo	Nebo
Cosmo	Kosmos
Costellazione	Sazvežđe
Equinozio	Ravnodnevnica
Galassia	Galaksija
Gravità	Gravitacije
Luna	Mesec
Meteora	Meteor
Nebulosa	Nebula
Osservatorio	Opservatorije
Pianeta	Planete
Radiazione	Zračenja
Razzo	Raketa
Supernova	Supernova
Telescopio	Teleskop
Terra	Zemlje
Universo	Svemir

Attività
Aktivnosti

Abilità	Veština
Arte	Umetnost
Artigianato	Zanata
Attività	Aktivnost
Caccia	Lov
Campeggio	Kampovanje
Ceramica	Keramike
Cucire	Šivenje
Danza	Ples
Escursioni	Planinarenje
Fotografia	Fotografije
Giardinaggio	Baštovanstvo
Giochi	Igre
Lettura	Čitanje
Magia	Magija
Pesca	Ribolov
Piacere	Zadovoljstvo
Puzzle	Zagonetke
Rilassamento	Relaksacija
Tempo Libero	Slobodno

Attività e Tempo Libero
Aktivnosti i Slobodno Vr

Arte	Umetnost
Baseball	Bejzbol
Basket	Košarku
Boxe	Boks
Calcio	Fudbal
Campeggio	Kampovanje
Escursioni	Planinarenje
Giardinaggio	Baštovanstvo
Golf	Golf
Hobby	Hobije
Immersione	Ronjenje
Nuoto	Plivanje
Pallavolo	Odbojka
Pesca	Ribolov
Pittura	Sliku
Rilassante	Opuštajuće
Surf	Surfovanje
Tennis	Tenis
Viaggio	Putovati

Avventura
Avantura

Amici	Prijatelji
Attività	Aktivnost
Bellezza	Lepota
Caso	Šansa
Coraggio	Hrabrost
Destinazione	Odredište
Difficoltà	Teškoće
Entusiasmo	Entuzijazam
Escursione	Ekskurzije
Gioia	Radost
Insolito	Neobično
Itinerario	Program
Natura	Priroda
Navigazione	Navigaciju
Nuovo	Nova
Pericoloso	Opasan
Preparazione	Priprema
Sfide	Izazova
Sicurezza	Sigurnost
Viaggi	Putuje

Bagno
Kupatilo

Acqua	Voda
Asciugamano	Peškir
Bagno	Kupka
Bolle	Mehurića
Doccia	Tuš
Forbici	Makaze
Gabinetto	Toalet
Lozione	Losion
Profumo	Parfem
Rubinetto	Slavina
Sapone	Sapun
Shampoo	Šampon
Specchio	Ogledalo
Spugna	Sunđer
Tappeto	Tepih
Vapore	Pare

Balletto
Balet

Abilità	Veština
Applauso	Aplauz
Artistico	Umetničke
Ballerina	Balerina
Ballerini	Plesača
Compositore	Kompozitor
Coreografia	Koreografija
Espressivo	Izražajan
Gesto	Gest
Grazioso	Graciozan
Intensità	Intenzitet
Muscoli	Mišića
Musica	Muzika
Orchestra	Orkestar
Pratica	Vežba
Prova	Probe
Pubblico	Publike
Ritmo	Ritam
Stile	Stil
Tecnica	Tehnika

Barbecue
Роштиљ

Caldo	Vruće
Cena	Večera
Cibo	Hrana
Cipolle	Luk
Coltelli	Noževi
Estate	Leto
Fame	Glad
Famiglia	Porodica
Frutta	Voće
Giochi	Igre
Griglia	Roštilj
Insalate	Salate
Invito	Poziv
Musica	Muzika
Pepe	Biber
Pollo	Pile
Pomodori	Paradajz
Pranzo	Ručak
Sale	So
Salsa	Sos

Campeggio
Kampovanje

Alberi	Drveća
Amaca	Viseća
Animali	Životinje
Avventura	Avantura
Bussola	Kompas
Cabina	Kabine
Caccia	Lov
Canoa	Kanu
Cappello	Šešir
Corda	Konopac
Divertimento	Zabava
Foresta	Šuma
Fuoco	Požar
Insetto	Insekt
Lago	Jezero
Luna	Mesec
Mappa	Mapa
Montagna	Planine
Natura	Priroda
Tenda	Šator

Campionato
Prvenstvo

Allenatore	Trener
Campionato	Prvenstvo
Campione	Prvak
Finalista	Finalista
Giochi	Igre
Giudice	Sudija
Lega	Liga
Medaglia	Medalja
Motivazione	Motivacija
Prestazione	Nastup
Resistenza	Izdržljivosti
Sportivo	Sport
Squadra	Tim
Strategia	Strategiju
Sudore	Znojenje
Torneo	Turnir
Vittoria	Pobeda

Casa
Kuća

Attico	Tavanu
Biblioteca	Biblioteke
Camera	Soba
Camino	Kamin
Cucina	Kuhinja
Doccia	Tuš
Finestra	Prozor
Garage	Garaža
Giardino	Bašta
Lampada	Lampa
Parete	Zid
Pavimento	Pod
Porta	Vrata
Recinto	Ograde
Rubinetto	Slavina
Scopa	Metla
Soffitto	Plafon
Specchio	Ogledalo
Tappeto	Tepih
Tetto	Krov

Castelli
Dvorci

Armatura	Oklop
Catapulta	Katapult
Cavaliere	Vitez
Cavallo	Konj
Corona	Krunu
Dinastia	Dinastije
Drago	Zmaj
Feudale	Feudalno
Fortezza	Tvrđava
Impero	Carstva
Nobile	Plemeniti
Palazzo	Palata
Parete	Zid
Principe	Princ
Principessa	Princeza
Regno	Kraljevstvo
Scudo	Štit
Spada	Mač
Torre	Kula
Unicorno	Jednorog

Cibo #1
Храна Бр.

Aglio	Beli Luk
Basilico	Bosiljak
Cannella	Cimet
Carne	Mesa
Carota	Šargarepa
Cipolla	Luk
Fragola	Jagoda
Insalata	Salata
Latte	Mleka
Limone	Limun
Menta	Nane
Orzo	Ječam
Pera	Kruške
Rapa	Repa
Sale	So
Spinaci	Spanać
Succo	Sok
Tonno	Tuna
Torta	Torta
Zucchero	Šećera

Cibo #2
Храна # 2

Banana	Banane
Broccolo	Brokoli
Ciliegia	Višnje
Cioccolato	Čokolada
Formaggio	Sir
Fungo	Gljiva
Grano	Pšenice
Kiwi	Kivi
Mela	Jabuka
Melanzana	Patlidžan
Pane	Hleb
Pesce	Ribe
Pollo	Pile
Pomodoro	Paradajz
Prosciutto	Šunka
Riso	Pirinač
Sedano	Celer
Uovo	Jaje
Uva	Grožđa
Yogurt	Jogurt

Cioccolato
Čokolada

Amaro	Gorka
Antiossidante	Antioksidans
Arachidi	Kikiriki
Aroma	Arome
Artigianale	Zanatski
Cacao	Kakao
Calorie	Kalorija
Caramella	Bombona
Caramello	Karamel
Delizioso	Ukusno
Dolce	Slatko
Esotico	Egzotične
Gusto	Ukus
Ingrediente	Sastojak
Noce di Cocco	Kokos
Polvere	Prah
Preferito	Omiljeni
Qualità	Kvalitet
Ricetta	Recept
Zucchero	Šećera

Circo
Cirkus

Acrobata	Akrobat
Animali	Životinje
Biglietto	Kartu
Caramella	Bombona
Clown	Klovn
Costume	Kostim
Elefante	Slon
Giocoliere	Žongler
Leone	Lav
Magia	Magija
Mago	Mađioničar
Musica	Muzika
Palloncini	Baloni
Parata	Parada
Scimmia	Majmun
Spettacolare	Spektakularan
Spettatore	Gledalac
Tenda	Šator
Tigre	Tigar
Trucco	Trik

Città
Grad

Aeroporto	Aerodrom
Banca	Banke
Biblioteca	Biblioteke
Cinema	Bioskop
Clinica	Klinici
Farmacia	Apoteke
Fiorista	Cvećar
Galleria	Galerija
Hotel	Hotel
Libreria	Knjižara
Mercato	Tržište
Museo	Muzej
Negozio	Prodavnica
Panetteria	Pekara
Scuola	Škola
Stadio	Stadion
Supermercato	Supermarketa
Teatro	Pozorište
Università	Univerzitet
Zoo	Zoo Vrt

Colori
Boje

Arancia	Pomorandža
Azzurro	Azure
Beige	Bež
Bianco	Beo
Blu	Plava
Ciano	Cijan
Fucsia	Fuchsia
Giallo	Žut
Grigio	Siva
Magenta	Magenta
Marrone	Braon
Nero	Crna
Rosa	Roze
Rosso	Crvena
Seppia	Sepija
Verde	Zelen
Viola	Ljubičasta

Commedia
Komedija

Applauso	Aplauz
Attore	Glumac
Attrice	Glumica
Clown	Klovna
Divertente	Smešno
Divertimento	Zabava
Espressivo	Izražajan
Genere	Žanr
Improvvisazione	Improvizacije
Parodia	Parodija
Pubblico	Publike
Risata	Smeh
Scherzi	Šale
Teatro	Pozorište
Televisione	Televizija
Umorismo	Humor

Compleanno
Rođendan

Amici	Prijatelji
Anno	Godina
Calendario	Kalendar
Candele	Sveće
Canzone	Pesma
Carte	Kartice
Celebrazione	Proslava
Divertimento	Zabava
Felice	Srećan
Gioioso	Radosno
Giorno	Dan
Giovane	Mlad
Grande	Sjajno
Inviti	Pozivnice
Nato	Rođen
Regalo	Poklon
Saggezza	Mudrost
Speciale	Posebno
Tempo	Vreme
Torta	Torta

Conservazione
Konzervacija

Acqua	Voda
Ambientale	Ekološka
Ciclo	Ciklus
Clima	Klima
Ecosistema	Ekosistem
Educazione	Obrazovanje
Habitat	Stanište
Inquinamento	Zagađenja
Naturale	Prirodno
Organico	Organski
Pesticida	Pesticid
Preoccupazione	Briga
Riciclare	Reciklira
Ridurre	Smanjiti
Salute	Zdravlje
Sostenibile	Održiv
Verde	Zelen
Volontario	Volonter

Corpo Umano
Ljudsko Telo

Bocca	Usta
Caviglia	Skočni Zglob
Cervello	Mozak
Collo	Vrat
Cuore	Srce
Dito	Prst
Faccia	Lice
Gamba	Nogu
Ginocchio	Koleno
Gomito	Lakat
Mano	Ruka
Mento	Brada
Naso	Nos
Occhio	Oko
Orecchio	Uvo
Pelle	Koža
Sangue	Krv
Spalla	Rame
Stomaco	Stomak
Testa	Glava

Cucina
Kuhinja

Bacchette	Štapići
Bollitore	Čajnik
Brocca	Vrč
Cibo	Hrana
Ciotola	Činiju
Coltelli	Noževi
Congelatore	Zamrzivač
Cucchiai	Kašike
Forchette	Viljuške
Forno	Rerna
Frigorifero	Frižider
Grembiule	Kecelja
Griglia	Roštilj
Mestolo	Lonca
Ricetta	Recept
Spezie	Začini
Spugna	Sunđer
Tazze	Šolje
Tovagliolo	Salveta
Vaso	Teglu

Danza
Dance

Accademia	Akademije
Arte	Umetnost
Classico	Klasične
Compagno	Partner
Coreografia	Koreografija
Corpo	Telo
Cultura	Kultura
Culturale	Kulturni
Emozione	Emocija
Espressivo	Izražajan
Gioioso	Radosno
Grazia	Grejs
Movimento	Pokret
Musica	Muzika
Postura	Stav
Prova	Probe
Ritmo	Ritam
Tradizionale	Tradicionalni
Visivo	Vizuelni

Dinosauri
Dinosaurusi

Ali	Krila
Carnivoro	Mesojed
Coda	Rep
Enorme	Ogromne
Erbivoro	Biljojed
Evoluzione	Evolucije
Fossili	Fosila
Grande	Velika
Mammut	Mamut
Onnivoro	Svejed
Potente	Moćan
Preda	Plen
Preistorico	Praistorijski
Rettile	Reptil
Scomparsa	Nestanak
Specie	Vrste
Taglia	Veličina
Terra	Zemlje
Vizioso	Zlobna

Discipline Scientifiche
Naučne Discipline

Anatomia	Anatomije
Archeologia	Arheologije
Astronomia	Astronomije
Biochimica	Biohemije
Biologia	Biologije
Botanica	Botanike
Chimica	Hemije
Ecologia	Ekologije
Fisiologia	Fiziologije
Geologia	Geologije
Immunologia	Imunologije
Linguistica	Lingvistike
Meccanica	Mehanike
Meteorologia	Meteorologije
Mineralogia	Mineralogija
Neurologia	Neurologije
Psicologia	Psihologije
Sociologia	Sociologije
Termodinamica	Termodinamike
Zoologia	Zoologije

Ecologia
Ekologija

Clima	Klima
Comunità	Zajednice
Diversità	Raznolikost
Fauna	Faune
Flora	Flore
Globale	Globalno
Habitat	Stanište
Marino	Morskih
Natura	Priroda
Naturale	Prirodno
Palude	Močvara
Piante	Biljke
Risorse	Resurse
Siccità	Suše
Sopravvivenza	Opstanak
Sostenibile	Održiv
Specie	Vrste
Varietà	Različite
Vegetazione	Vegetacije
Volontari	Volontera

Edifici
Zgrade

Ambasciata	Ambasade
Appartamento	Stan
Cabina	Kabine
Castello	Zamak
Cinema	Bioskop
Fabbrica	Fabrike
Fienile	Ambar
Hotel	Hotel
Laboratorio	Laboratorija
Museo	Muzej
Ospedale	Bolnica
Osservatorio	Opservatorije
Ostello	Hostel
Scuola	Škola
Stadio	Stadion
Supermercato	Supermarketa
Teatro	Pozorište
Tenda	Šator
Torre	Kula
Università	Univerzitet

Emozioni
Emocije

Amore	Ljubav
Beatitudine	Blaženstvo
Calma	Mirno
Contenuto	Sadržaj
Gentilezza	Ljubaznost
Gioia	Radost
Grato	Zahvalan
Imbarazzato	Sramota
Noia	Dosade
Pace	Mir
Paura	Strah
Rabbia	Bes
Rilassato	Opušteno
Rilievo	Reljef
Simpatia	Simpatije
Soddisfatto	Zadovoljan
Sorpresa	Iznenađenje
Tenerezza	Nežnost
Tranquillità	Spokoj
Tristezza	Tuga

Erboristeria
Herbalizam

Aglio	Beli Luk
Aneto	Mirođija
Aromatico	Aromatično
Basilico	Bosiljak
Culinario	Kulinarske
Dragoncello	Estragon
Finocchio	Komorač
Fiore	Cvet
Giardino	Bašta
Ingrediente	Sastojak
Lavanda	Lavande
Maggiorana	Majoran
Menta	Nane
Origano	Origano
Pianta	Biljka
Prezzemolo	Peršun
Qualità	Kvalitet
Rosmarino	Ruzmarin
Verde	Zelen
Zafferano	Šafran

Escursionismo
Planinarenje

Acqua	Voda
Animali	Životinje
Campeggio	Kampovanje
Clima	Klima
Guide	Vodiči
Mappa	Mapa
Montagna	Planine
Natura	Priroda
Orientamento	Položaj
Parchi	Parkova
Pericoli	Opasnosti
Pesante	Teška
Pietre	Kamenje
Preparazione	Priprema
Scogliera	Klif
Selvaggio	Divlja
Sole	Sunce
Stanco	Umoran
Stivali	Čizme
Vertice	Samit

Esplorazione
Istraživanje

Animali	Životinje
Attività	Aktivnost
Coraggio	Hrabrost
Culture	Kultura
Determinazione	Određivanje
Eccitazione	Uzbuđenje
Esaurimento	Iscrpljenost
Lingua	Jezik
Nuovo	Nova
Pericoli	Opasnosti
Pericoloso	Opasan
Sconosciuto	Nepoznat
Scoperta	Otkriće
Selvaggio	Divlja
Spazio	Svemir
Terreno	Teren
Viaggio	Putovati

Estate
Leto

Amici	Prijatelji
Campeggio	Kampovanje
Casa	Kuća
Cibo	Hrana
Famiglia	Porodica
Giardino	Bašta
Giochi	Igre
Gioia	Radost
Immersione	Ronjenje
Libri	Knjige
Mare	More
Musica	Muzika
Ricordi	Sećanja
Rilassamento	Relaksacija
Sandali	Sandale
Spiaggia	Plaža
Stelle	Zvezde
Tempo Libero	Slobodno
Vacanza	Odmor
Viaggio	Putovati

Famiglia
Porodica

Antenato	Predak
Bambini	Deca
Bambino	Dete
Cugino	Rođak
Figlia	Ćerka
Fratello	Brat
Gemelli	Blizanci
Infanzia	Detinjstva
Madre	Majka
Marito	Muž
Materno	Majčinske
Moglie	Supruga
Nipote	Nećak
Nonna	Baka
Nonno	Deda
Padre	Otac
Paterno	Očinske
Sorella	Sestra
Zia	Tetka
Zio	Ujak

Fantascienza
Naučna Fantastika

Atomico	Atomske
Cinema	Bioskop
Distopia	Distopija
Esplosione	Eksplozije
Estremo	Ekstremne
Fantastico	Fantastičan
Fuoco	Požar
Futuristico	Futuristički
Galassia	Galaksija
Illusione	Iluzije
Immaginario	Imaginarne
Libri	Knjige
Misterioso	Tajanstven
Mondo	Svet
Oracolo	Proročište
Pianeta	Planete
Realistico	Realno
Robot	Robota
Tecnologia	Tehnologija
Utopia	Utopije

Fattoria #1
Фарма Бр.

Acqua	Voda
Agricoltura	Poljoprivrede
Ape	Pčela
Asino	Magarac
Campo	Polje
Cane	Pas
Capra	Koza
Cavallo	Konj
Fertilizzante	Đubriva
Fieno	Seno
Gatto	Mačka
Gregge	Jato
Maiale	Svinja
Miele	Med
Mucca	Krava
Pollo	Pile
Recinto	Ograde
Riso	Pirinač
Semi	Seme
Vitello	Tele

Fattoria #2
Фарма # 2

Agnello	Jagnje
Agricoltore	Farmer
Alveare	Košnica
Anatra	Patka
Animali	Životinje
Cibo	Hrana
Fienile	Ambar
Frutta	Voće
Frutteto	Voćnjak
Grano	Pšenice
Irrigazione	Navodnjavanje
Lama	Lame
Latte	Mleka
Mais	Kukuruz
Oche	Guske
Orzo	Ječam
Pastore	Pastir
Pecora	Ovce
Prato	Livada
Trattore	Traktor

Fiori
Cveće

Dente di Leone	Maslačak
Gardenia	Gardenija
Gelsomino	Jasmin
Giglio	Lili
Girasole	Suncokret
Ibisco	Hibiskus
Lavanda	Lavande
Lilla	Jorgovan
Magnolia	Magnolije
Margherita	Dejzi
Mazzo	Buket
Orchidea	Orhideja
Papavero	Maka
Passiflora	Passionflover
Peonia	Božur
Petalo	Latica
Plumeria	Plumerija
Rosa	Ruža
Trifoglio	Detelina
Tulipano	Lala

Foresta Pluviale
Rainforest

Anfibi	Vodozemci
Botanico	Botanički
Clima	Klima
Comunità	Zajednica
Diversità	Raznolikost
Giungla	Džungli
Indigeno	Autohtonih
Insetti	Insekti
Mammiferi	Sisara
Muschio	Mahovina
Natura	Priroda
Nuvole	Oblaci
Preservazione	Očuvanje
Prezioso	Vredne
Restauro	Restauracija
Rifugio	Utočište
Rispetto	Poštovati
Sopravvivenza	Opstanak
Specie	Vrste
Uccelli	Ptice

Forme
Oblici

Angolo	Ugao
Arco	Luk
Bordi	Ivice
Cerchio	Krug
Cilindro	Cilindar
Cono	Klip
Cubo	Kocka
Curva	Krive
Ellisse	Elipse
Iperbole	Hiperbola
Lato	Strana
Linea	Red
Ovale	Ovalne
Piramide	Piramide
Poligono	Poligona
Prisma	Prizme
Quadrato	Kvadrat
Rettangolo	Pravougaonik
Sfera	Sferi
Triangolo	Trougao

Forniture Artistiche
Umetnički Pribor

Acqua	Voda
Acquerelli	Akvareli
Acrilico	Akril
Argilla	Klej
Carbone	Ugalj
Carta	Papir
Cavalletto	Stalak
Colla	Lepak
Colori	Boje
Creatività	Kreativnost
Gomma	Gumica
Idee	Ideje
Inchiostro	Mastilo
Matite	Olovke
Olio	Ulje
Pastelli	Pastela
Sedia	Stolica
Spazzole	Četke
Tavolo	Sto
Telecamera	Kamera

Frutta
Voće

Albicocca	Kajsije
Ananas	Ananas
Arancia	Pomorandža
Avocado	Avokado
Bacca	Berri
Banana	Banane
Ciliegia	Višnje
Kiwi	Kivi
Lampone	Maline
Limone	Limun
Mango	Mango
Mela	Jabuka
Melone	Dinja
Mora	Kupina
Nettarina	Nektarina
Papaia	Papaja
Pera	Kruške
Pesca	Breskve
Prugna	Plam
Uva	Grožđa

Gatti
Mačke

Artiglio	Kandža
Cacciatore	Lovac
Coda	Rep
Curioso	Radoznao
Divertente	Smešno
Dormire	San
Filo	Prediva
Giocoso	Razigran
Indipendente	Nezavisna
Pazzo	Lud
Pelliccia	Krzno
Personalità	Ličnosti
Poco	Malo
Selvaggio	Divlja
Timido	Stidljiv
Topo	Miš
Veloce	Brzo
Zampa	Šape

Geografia
Geografija

Altitudine	Visinu
Atlante	Atlas
Città	Grad
Continente	Kontinent
Elevazione	Visina
Emisfero	Hemisfere
Fiume	Reke
Isola	Ostrvo
Mappa	Mapa
Mare	More
Meridiano	Meridijan
Mondo	Svet
Montagna	Planine
Nord	Sever
Oceano	Okean
Ovest	Zapad
Paese	Zemlju
Regione	Regiona
Sud	Jug
Territorio	Teritorije

Geologia
Geologija

Acido	Kiseline
Altopiano	Plato
Calcio	Kalcijum
Caverna	Kaverna
Continente	Kontinent
Corallo	Koral
Cristalli	Kristala
Erosione	Erozije
Fossile	Fosil
Geyser	Gejzir
Lava	Lava
Minerali	Minerala
Pietra	Kamen
Quarzo	Kvarc
Sale	So
Stalagmiti	Stalagmita
Stalattite	Stalaktit
Strato	Sloj
Terremoto	Zemljotres
Vulcano	Vulkan

Giardino
Гарден

Italiano	
Albero	Drvo
Amaca	Viseća
Cespuglio	Grm
Erba	Trava
Erbacce	Korov
Fiore	Cvet
Frutteto	Voćnjak
Garage	Garaža
Giardino	Bašta
Pala	Lopata
Panca	Klupa
Prato	Travnjak
Rastrello	Grablje
Recinto	Ograde
Stagno	Jezeru
Suolo	Zemlja
Terrazza	Terasa
Trampolino	Trampolin
Tubo	Crevo
Vite	Vajn

Giocattoli
Igračke

Aereo	Avion
Aquilone	Zmaj
Argilla	Klej
Artigianato	Zanata
Auto	Kola
Bambola	Lutka
Barca	Čamac
Batteria	Bubnjevi
Bicicletta	Bicikl
Camion	Kamion
Giochi	Igre
Immaginazione	Mašte
Libri	Knjige
Palla	Lopta
Preferito	Omiljeni
Puzzle	Slagalica
Robot	Robot
Scacchi	Šah
Treno	Voz

Giorni e Mesi
Dani i Meseci

Agosto	Avgust
Anno	Godina
Aprile	April
Calendario	Kalendar
Dicembre	Decembar
Domenica	Subota
Febbraio	Februar
Gennaio	Januar
Giugno	Jun
Luglio	Jul
Lunedì	Ponedeljak
Martedì	Utorak
Marzo	Marš
Mercoledì	Sreda
Mese	Meseca
Novembre	Novembar
Ottobre	Oktobar
Settembre	Septembar
Settimana	Nedelja
Venerdì	Petak

Guida
Vožnja

Attenzione	Oprez
Auto	Kola
Autobus	Autobus
Carburante	Gorivo
Freni	Kočnice
Garage	Garaža
Gas	Gas
Incidente	Nesreća
Licenza	Licencu
Mappa	Mapa
Moto	Motor
Pedonale	Pešak
Pericolo	Opasnost
Polizia	Policija
Sicurezza	Sigurnost
Strada	Put
Traffico	Saobraćaja
Trasporto	Prevoz
Tunnel	Tunel
Velocità	Brzina

Imbarcazioni
Brodovi

Albero	Jarbol
Ancora	Sidro
Barca a Vela	Jedrilica
Boa	Bova
Canoa	Kanu
Corda	Konopac
Equipaggio	Posade
Fiume	Reke
Kayak	Kajak
Lago	Jezero
Mare	More
Marea	Plime
Marinaio	Mornar
Motore	Motor
Nautico	Nautičkih
Oceano	Okean
Onde	Talasa
Traghetto	Trajekt
Yacht	Jahte
Zattera	Splav

Insetti
Insekti

Italiano	
Afide	Uširenih
Ape	Pčela
Calabrone	Stršljena
Cavalletta	Skakavac
Cicala	Cvrčci
Coccinella	Bubamara
Coleottero	Buba
Falena	Moljac
Farfalla	Leptir
Formica	Mrav
Larva	Larva
Libellula	Vilin Konjic
Mantide	Mantis
Pulce	Buva
Scarafaggio	Bubašvaba
Termite	Termit
Verme	Crv
Vespa	Osa
Zanzara	Komarac

Letteratura
Književnost

Analisi	Analiza
Analogia	Analogija
Aneddoto	Anegdota
Autore	Autor
Biografia	Biografija
Conclusione	Zaključak
Confronto	Poređenje
Descrizione	Opis
Dialogo	Dijalog
Genere	Žanr
Metafora	Metafora
Opinione	Mišljenje
Poesia	Pesma
Poetico	Pesničke
Rima	Rime
Ritmo	Ritam
Romanzo	Roman
Stile	Stil
Tema	Tema
Tragedia	Tragedije

Libri
Knjige

Autore	Autor
Avventura	Avantura
Collezione	Kolekcija
Contesto	Kontekst
Dualità	Dvojnost
Epico	Epske
Inventivo	Inventivni
Letterario	Književne
Lettore	Čitač
Narratore	Narator
Pagina	Strana
Poesia	Poezije
Rilevante	Relevantno
Romanzo	Roman
Scritto	Napisan
Serie	Serija
Storia	Priča
Storico	Istorijski
Tragico	Tragične
Umoristico	Duhovit

Mammiferi
Sisari

Balena	Kit
Cane	Pas
Canguro	Kengur
Cavallo	Konj
Cervo	Jelena
Coniglio	Zec
Coyote	Kojota
Delfino	Delfin
Elefante	Slon
Gatto	Mačka
Giraffa	Žirafa
Gorilla	Gorila
Leone	Lav
Lupo	Vuk
Orso	Medved
Pecora	Ovce
Scimmia	Majmun
Toro	Bik
Volpe	Lisica
Zebra	Zebra

Matematica
Matematike

Angoli	Uglova
Aritmetica	Aritmetika
Circonferenza	Obim
Decimale	Decimalne
Diametro	Prečnik
Divisione	Odsek
Equazione	Jednačina
Esponente	Eksponent
Frazione	Frakcija
Geometria	Geometrije
Parallelo	Paralelni
Parallelogramma	Paralelogram
Perimetro	Perimetar
Poligono	Poligona
Quadrato	Kvadrat
Raggio	Radijus
Rettangolo	Pravougaonik
Simmetria	Simetrija
Triangolo	Trougao
Volume	Volumen

Meditazione
Meditacija

Accettazione	Prihvatanje
Attenzione	Pažnja
Calma	Mirno
Chiarezza	Jasnoće
Compassione	Saosećanje
Emozioni	Emocija
Gentilezza	Ljubaznost
Gratitudine	Zahvalnost
Mentale	Mentalne
Mente	Um
Movimento	Pokret
Musica	Muzika
Natura	Priroda
Osservazione	Posmatranje
Pace	Mir
Pensieri	Misli
Postura	Stav
Prospettiva	Perspektive
Respirazione	Disanje
Silenzio	Tišina

Meteo
Vreme

Arcobaleno	Duga
Asciutto	Suva
Atmosfera	Atmosfera
Brezza	Povetarac
Cielo	Nebo
Clima	Klima
Fulmine	Munje
Ghiaccio	Led
Monsone	Monsun
Nebbia	Magla
Nube	Oblak
Polare	Polarni
Siccità	Suše
Temperatura	Temperatura
Tempesta	Oluja
Tornado	Tornado
Tropicale	Tropske
Tuono	Grmljavina
Uragano	Uragan
Vento	Vetar

Misurazioni
Меасурементс

Altezza	Visina
Byte	Bajt
Centimetro	Centimetar
Chilogrammo	Kilogram
Chilometro	Kilometar
Decimale	Decimalne
Grado	Stepen
Grammo	Gram
Larghezza	Širina
Litro	Litar
Lunghezza	Dužina
Massa	Mase
Metro	Metar
Minuto	Minut
Oncia	Unca
Peso	Težina
Pollice	Inča
Profondità	Dubina
Tonnellata	Tona
Volume	Volumen

Mitologia
Mitologija

Archetipo	Arhetip
Comportamento	Ponašanje
Creatura	Stvorenje
Creazione	Stvaranje
Cultura	Kultura
Disastro	Katastrofe
Divinità	Božanstava
Eroe	Heroj
Forza	Snage
Fulmine	Munje
Gelosia	Ljubomore
Guerriero	Ratnik
Immortalità	Besmrtnost
Labirinto	Lavirint
Leggenda	Legenda
Magico	Magične
Mortale	Smrtni
Mostro	Čudovište
Tuono	Grmljavina
Vendetta	Osveta

Natura
Priroda

Animali	Životinje
Api	Pčele
Artico	Arktik
Bellezza	Lepota
Deserto	Pustinji
Dinamico	Dinamičan
Erosione	Erozije
Fiume	Reke
Fogliame	Lišće
Foresta	Šuma
Ghiacciaio	Glečer
Montagne	Planine
Nebbia	Magla
Nuvole	Oblaci
Rifugio	Sklonište
Santuario	Svetilište
Selvaggio	Divlja
Sereno	Spokojan
Tropicale	Tropske
Vitale	Vitalni

Numeri
Brojevi

Cinque	Pet
Decimale	Decimalne
Diciannove	Devetnaest
Diciassette	Sedamnaest
Diciotto	Osamnaest
Dieci	Deset
Dodici	Dvanaest
Due	Dva
Nove	Devet
Otto	Osam
Quattordici	Četrnaest
Quattro	Četiri
Quindici	Petnaest
Sedici	Šesnaest
Sei	Šest
Sette	Sedam
Tre	Tri
Tredici	Trinaest
Venti	Dvadeset
Zero	Nula

Nutrizione
Ishrana

Amaro	Gorka
Appetito	Apetit
Bilanciato	Uravnotežen
Calorie	Kalorija
Commestibile	Jestivo
Dieta	Dijeta
Digestione	Varenje
Fermentazione	Fermentacije
Gusto	Ukus
Liquidi	Tečnosti
Peso	Težina
Porzione	Deo
Proteine	Proteina
Qualità	Kvalitet
Salsa	Sos
Salute	Zdravlje
Sano	Zdrav
Spezie	Začini
Tossina	Otrov
Vitamina	Vitamin

Oceano
Okeana

Anguilla	Jegulja
Balena	Kit
Barca	Čamac
Corallo	Koral
Delfino	Delfin
Gamberetto	Škampi
Granchio	Kraba
Maree	Plime
Medusa	Meduza
Onde	Talasa
Ostrica	Ostriga
Pesce	Ribe
Polpo	Hobotnice
Sale	So
Scogliera	Greben
Spugna	Sunđer
Squalo	Ajkula
Tartaruga	Kornjača
Tempesta	Oluja
Tonno	Tuna

Paesaggi
Pejzaži

Italiano	Srpski
Cascata	Vodopad
Collina	Brdo
Deserto	Pustinji
Fiume	Reke
Geyser	Gejzir
Ghiacciaio	Glečer
Grotta	Pećine
Iceberg	Ledenog Brega
Isola	Ostrvo
Lago	Jezero
Mare	More
Montagna	Planine
Oasi	Oaze
Oceano	Okean
Palude	Močvara
Penisola	Poluostrvo
Spiaggia	Plaža
Tundra	Tundre
Valle	Dolini
Vulcano	Vulkan

Paesi #2
Zemlje #2

Albania	Albanija
Danimarca	Danska
Etiopia	Etiopije
Giamaica	Jamajka
Giappone	Japan
Grecia	Grčke
Haiti	Haiti
Indonesia	Indonezija
Irlanda	Irska
Laos	Laos
Liberia	Liberije
Messico	Meksiko
Nepal	Nepal
Nigeria	Nigerija
Pakistan	Pakistan
Russia	Rusija
Siria	Sirije
Sudan	Sudan
Ucraina	Ukrajina
Uganda	Ugandi

Pesca
Ribolov

Acqua	Voda
Attrezzatura	Oprema
Barca	Čamac
Branchie	Škrge
Cesto	Korpi
Cucinare	Kuvar
Esagerazione	Preterivanja
Esca	Mamac
Filo	Žice
Fiume	Reke
Gancio	Kuka
Lago	Jezero
Mascella	Vilice
Oceano	Okean
Pazienza	Strpljenja
Peso	Težina
Pinne	Peraja
Spiaggia	Plaža
Stagione	Sezona

Piante
Biljke

Albero	Drvo
Bacca	Berri
Bambù	Bambus
Botanica	Botanike
Cactus	Kaktus
Cespuglio	Grm
Crescere	Raste
Edera	Bršljan
Erba	Trava
Fagiolo	Pasulj
Fertilizzante	Đubriva
Fiore	Cvet
Flora	Flore
Fogliame	Lišće
Foresta	Šuma
Giardino	Bašta
Muschio	Mahovina
Petalo	Latica
Radice	Koren
Vegetazione	Vegetacije

Pirati
Pirati

Italiano	Srpski
Ancora	Sidro
Avventura	Avantura
Bandiera	Zastava
Bussola	Kompas
Capitano	Kapetan
Cattivo	Loše
Cicatrice	Ožiljak
Equipaggio	Posade
Grotta	Pećine
Isola	Ostrvo
Leggenda	Legenda
Mappa	Mapa
Monete	Kovanice
Oro	Zlato
Pappagallo	Papagaj
Pericolo	Opasnost
Rum	Rum
Spada	Mač
Spiaggia	Plaža
Tesoro	Blago

Professioni #1
Професије Бр.

Allenatore	Trener
Ambasciatore	Ambasador
Artista	Umetnik
Astronomo	Astronom
Avvocato	Advokat
Ballerino	Plesačica
Banchiere	Bankar
Cacciatore	Lovac
Cartografo	Kartograf
Editore	Urednik
Farmacista	Farmaceut
Geologo	Geolog
Gioielliere	Zlatar
Infermiera	Sestra
Marinaio	Mornar
Musicista	Muzičar
Pianista	Pijanista
Psicologo	Psiholog
Scienziato	Naučnik
Veterinario	Veterinar

Professioni #2
Професије Бр.

Astronauta	Astronauta
Bibliotecario	Bibliotekar
Biologo	Biolog
Chirurgo	Hirurg
Dentista	Zubar
Filosofo	Filozof
Fotografo	Fotograf
Giardiniere	Baštovan
Giornalista	Novinar
Illustratore	Ilustrator
Ingegnere	Inženjer
Insegnante	Učitelj
Inventore	Pronalazač
Investigatore	Istražitelj
Linguista	Lingvista
Medico	Lekar
Pilota	Pilot
Pittore	Slikar
Ricercatore	Istraživač
Zoologo	Zoolog

Riempire
Za Popunjavanje

Bacino	Basen
Barile	Bure
Borsa	Torba
Bottiglia	Boca
Busta	Koverte
Cartella	Fasciklu
Cartone	Karton
Cassa	Sanduk
Cassetto	Fioka
Cesto	Korpi
Pacchetto	Paket
Scatola	Kutija
Secchio	Kofu
Tasca	Džep
Tubo	Cev
Valigia	Kofer
Vaso	Vaza
Vassoio	Ležište

Ristorante #1
Ресторан бр. 1

Allergia	Alergije
Caffè	Kafa
Cameriera	Konobarica
Carne	Mesa
Cassiere	Blagajnik
Cibo	Hrana
Ciotola	Činiju
Coltello	Nož
Cucina	Kuhinja
Dessert	Desert
Ingredienti	Sastojci
Menù	Meni
Pane	Hleb
Piatto	Ploča
Piccante	Začinjeno
Pollo	Pile
Prenotazione	Rezervacije
Salsa	Sos
Tovagliolo	Salveta

Ristorante #2
Ресторан № 2

Acqua	Voda
Bevanda	Napitak
Cameriere	Kelner
Cena	Večera
Cucchiaio	Kašika
Delizioso	Ukusno
Forchetta	Viljuška
Frutta	Voće
Ghiaccio	Led
Insalata	Salata
Minestra	Supa
Pesce	Ribe
Pranzo	Ručak
Sale	So
Sedia	Stolica
Spezie	Začini
Torta	Torta
Uova	Jaja
Verdure	Povrće

Scacchi
Šah

Avversario	Protivnik
Bianco	Beo
Campione	Prvak
Concorso	Takmičenje
Diagonale	Dijagonale
Giocatore	Igrač
Gioco	Igra
Nero	Crna
Passivo	Pasivni
Punti	Poeni
Re	Kralj
Regina	Kraljica
Regole	Pravila
Sacrificio	Žrtvovanje
Sfide	Izazova
Strategia	Strategiju
Tempo	Vreme
Torneo	Turnir

Scienza
Nauka

Atomo	Atom
Chimico	Hemijske
Clima	Klima
Dati	Podataka
Esperimento	Eksperiment
Evoluzione	Evolucije
Fatto	Stvari
Fisica	Fizike
Fossile	Fosil
Gravità	Gravitacije
Ipotesi	Hipoteze
Laboratorio	Laboratorija
Metodo	Metod
Minerali	Minerala
Molecole	Molekula
Natura	Priroda
Organismo	Organizma
Osservazione	Posmatranje
Particelle	Čestice
Scienziato	Naučnik

Scuola #1
Школа № 1

Alfabeto	Alfabet
Amici	Prijatelji
Aula	Učionica
Biblioteca	Biblioteke
Carta	Papir
Cartelle	Fascikle
Divertimento	Zabava
Esami	Ispita
Insegnante	Učitelj
Libri	Knjige
Matematica	Matematike
Matita	Olovka
Numeri	Brojeve
Penne	Olovke
Pranzo	Ručak
Quiz	Kviz
Risposte	Odgovore
Scrivania	Stolu
Sedia	Stolica

Scuola #2
Школа № 2

Accademico	Akademske
Autobus	Autobus
Biblioteca	Biblioteke
Calendario	Kalendar
Carta	Papir
Computer	Računar
Dizionario	Rečnik
Educazione	Obrazovanje
Forbici	Makaze
Giochi	Igre
Grammatica	Gramatike
Insegnante	Učitelj
Letteratura	Književnost
Lettura	Čitanje
Libri	Knjige
Matematica	Matematike
Matita	Olovka
Scarpe	Cipele
Scienza	Nauke
Zaino	Ranac

Spezie
Začini

Aglio	Beli Luk
Amaro	Gorka
Anice	Anisa
Cannella	Cimet
Cardamomo	Kardamom
Cipolla	Luk
Coriandolo	Korijander
Cumino	Kumin
Curcuma	Turmeric
Curry	Kari
Dolce	Slatko
Finocchio	Komorač
Gusto	Ukus
Liquirizia	Sladiće
Paprika	Paprika
Pepe	Biber
Sale	So
Vaniglia	Vanile
Zafferano	Šafran
Zenzero	Đumbir

Spiaggia
Plaža

Asciugamano	Peškir
Barca	Čamac
Barca a Vela	Jedrilica
Blu	Plava
Costa	Obale
Dock	Dok
Granchio	Kraba
Isola	Ostrvo
Laguna	Lagune
Mare	More
Oceano	Okean
Ombrello	Kišobran
Sabbia	Pesak
Sandali	Sandale
Scogliera	Greben
Sole	Sunce
Vacanza	Odmor

Sport
Спортови

Allenatore	Trener
Arbitro	Sudija
Atleta	Sportista
Baseball	Bejzbol
Basket	Košarku
Bicicletta	Bicikl
Campionato	Prvenstvo
Ginnastica	Gimnastike
Giocatore	Igrač
Gioco	Igra
Golf	Golf
Hockey	Hokej
Movimento	Pokret
Palestra	Sali
Squadra	Tim
Stadio	Stadion
Tennis	Tenis
Vincitore	Pobednik

Strumenti Musicali
Muzički Instrumenti

Armonica	Harmonika
Arpa	Harfe
Bacchette	Batak
Banjo	Bendžo
Chitarra	Gitara
Clarinetto	Klarinet
Fagotto	Fagot
Flauto	Flauta
Gong	Gong
Mandolino	Mandolina
Oboe	Obou
Percussione	Udaraljke
Pianoforte	Klavir
Sassofono	Saksofon
Tamburello	Tamburaša
Tamburo	Bubanj
Tromba	Truba
Trombone	Trombon
Violino	Violinu
Violoncello	Violončelo

Surf
Сурфовање

Atleta	Sportista
Campione	Prvak
Divertimento	Zabava
Estremo	Ekstremne
Folla	Gužve
Forza	Snage
Meteo	Vreme
Oceano	Okean
Onda	Talas
Popolare	Popularna
Principiante	Početna
Schiuma	Pena
Scogliera	Greben
Spiaggia	Plaža
Stile	Stil
Stomaco	Stomak
Velocità	Brzina

Tecnologia
Tehnologija

Blog	Blog
Browser	Pregledač
Byte	Bajtova
Computer	Računar
Cursore	Kursora
Dati	Podataka
Digitale	Digitalni
File	Datoteka
Internet	Internet
Messaggio	Poruka
Ricerca	Istraživanje
Schermo	Ekran
Sicurezza	Sigurnost
Software	Softver
Statistiche	Statistika
Telecamera	Kamera
Virtuale	Virtuelni
Virus	Virus

Tempo
Vreme

Anno	Godina
Annuale	Godišnje
Calendario	Kalendar
Decennio	Decenije
Dopo	Posle
Futuro	Budućnost
Giorno	Dan
Ieri	Juče
Mattina	Jutro
Mese	Meseca
Mezzogiorno	Podne
Minuto	Minut
Momento	Trenutak
Notte	Noć
Oggi	Danas
Ora	Sat
Presto	Uskoro
Prima	Pre
Secolo	Vek
Settimana	Nedelja

Tipi di Capelli
Tipovi Kose

Argento	Srebro
Asciutto	Suva
Bianco	Beo
Biondo	Plava
Breve	Kratak
Calvo	Ćelav
Colorato	Obojene
Grigio	Siva
Intrecciato	Pleteni
Liscio	Glatka
Lungo	Dugo
Marrone	Braon
Morbido	Meka
Nero	Crna
Riccio	Kovrdžava
Riccioli	Lokne
Sano	Zdrav
Sottile	Tanak
Spessore	Debeo
Trecce	Pletenice

Uccelli
Ptice

Airone	Heron
Anatra	Patka
Aquila	Orao
Cicogna	Roda
Cigno	Labud
Colomba	Golub
Cuculo	Kukavica
Falco	Soko
Fenicottero	Flamingo
Gabbiano	Galeb
Oca	Guska
Pappagallo	Papagaj
Passero	Vrapca
Pavone	Paun
Pellicano	Pelikan
Pinguino	Pingvin
Pollo	Pile
Struzzo	Noja
Tucano	Tukan
Uovo	Jaje

Vacanze #2
Одмор # 2

Aeroporto	Aerodrom
Campeggio	Kampovanje
Destinazione	Odredište
Foto	Fotografije
Hotel	Hotel
Isola	Ostrvo
Mappa	Mapa
Mare	More
Passaporto	Pasoš
Ristorante	Restoran
Spiaggia	Plaža
Straniero	Stranac
Taxi	Taksi
Tempo Libero	Slobodno
Tenda	Šator
Trasporto	Prevoz
Treno	Voz
Vacanza	Odmor
Viaggio	Putovanje
Visto	Viza

Veicoli
Vozila

Aereo	Avion
Ambulanza	Hitnu
Auto	Kola
Autobus	Autobus
Barca	Čamac
Bicicletta	Bicikl
Camion	Kamion
Caravan	Karavan
Elicottero	Helikopter
Metropolitana	Metro
Motore	Motor
Pneumatici	Gume
Razzo	Raketa
Scooter	Skuter
Sottomarino	Podmornice
Taxi	Taksi
Traghetto	Trajekt
Trattore	Traktor
Treno	Voz
Zattera	Splav

Verdure
Povrće

Aglio	Beli Luk
Broccolo	Brokoli
Carciofo	Artičoke
Carota	Šargarepa
Cetriolo	Krastavac
Cipolla	Luk
Fungo	Gljiva
Insalata	Salata
Melanzana	Patlidžan
Patata	Krompir
Pisello	Graška
Pomodoro	Paradajz
Prezzemolo	Peršun
Rapa	Repa
Ravanello	Rotkvica
Scalogno	Šalot
Sedano	Celer
Spinaci	Spanać
Zenzero	Đumbir
Zucca	Bundeve

Vestiti
Odeća

Abito	Haljina
Braccialetto	Narukvica
Camicetta	Bluza
Camicia	Košulja
Cappello	Šešir
Cappotto	Kaput
Cintura	Pojas
Collana	Ogrlica
Giacca	Jaknu
Gonna	Suknja
Grembiule	Kecelja
Guanti	Rukavice
Jeans	Farmerke
Maglione	Džemper
Moda	Moda
Pantaloni	Pantalone
Pigiama	Pidžame
Sandali	Sandale
Scarpa	Cipela
Sciarpa	Šal

Virtù #1
Врлине Бр.

Affascinante	Šarmantan
Affidabile	Pouzdan
Appassionato	Strastveni
Artistico	Umetničke
Buono	Dobro
Curioso	Radoznao
Decisivo	Odlučujući
Divertente	Smešno
Efficiente	Efikasan
Generoso	Velikodušan
Indipendente	Nezavisna
Intelligente	Inteligentan
Modesto	Skroman
Paziente	Pacijent
Pratico	Praktične
Pulito	Čist
Saggio	Mudar
Utile	Korisno

Congratulazioni

Ce l'hai fatta!

Speriamo che questo libro vi sia piaciuto tanto quanto a noi è piaciuto concepirlo. Ci sforziamo di creare libri della più alta qualità possibile.

Questa edizione è progettata per fornire un apprendimento intelligente, di qualità e divertente!

Le è piaciuto questo libro?

Una Semplice Richiesta

Questi libri esistono grazie alle recensioni che pubblicate.

Puoi aiutarci lasciando una recensione
ora a questo link ?

BestBooksActivity.com/Recensioni50

SFIDA FINALE!

Sfida n°1

Sei pronto per il tuo gioco gratuito? Li usiamo sempre, ma non sono così facili da trovare - ecco i **Sinonimi!**

Scrivi 5 parole che hai trovato nei puzzle (n° 21, n° 36, n° 76) e prova a trovare 2 sinonimi per ogni parola.

Scrivi 5 parole del **Puzzle 21**

Parole	Sinonimo 1	Sinonimo 2

Scrivi 5 parole del **Puzzle 36**

Parole	Sinonimo 1	Sinonimo 2

Scrivi 5 parole del **Puzzle 76**

Parole	Sinonimo 1	Sinonimo 2

Sfida n°2

Ora che ti sei riscaldato, scrivi 5 parole che hai trovato nei puzzle n° 9, n° 17 e n° 25 e cerca di trovare 2 contrari per ogni parola. Quanti ne puoi trovare in 20 minuti?

Scrivi 5 parole del **Puzzle 9**

Parole	Antonimo 1	Antonimo 2

Scrivi 5 parole del **Puzzle 17**

Parole	Antonimo 1	Antonimo 2

Scrivi 5 parole del **Puzzle 25**

Parole	Antonimo 1	Antonimo 2

Sfida n°3

Grande! Questa sfida non è niente per te!

Pronto per la sfida finale? Scegli 10 parole che hai scoperto nei diversi puzzle e scrivile qui sotto.

1.	6.
2.	7.
3.	8.
4.	9.
5.	10.

Ora scrivi un testo pensando a una persona, un animale o un luogo che ti piace.

Puoi usare l'ultima pagina di questo libro come bozza.

La tua composizione:

TACCUINO:

A PRESTO!

Tutta la Squadra